立言金融与发展丛书

深层力量

培育中国特色金融文化

金　巍　崔红蕊　著

人民日报出版社

北　京

图书在版编目（CIP）数据

深层力量：培育中国特色金融文化 / 金巍，崔红蕊
著 . -- 北京：人民日报出版社，2024. 12. -- ISBN
978-7-5115-8503-5

Ⅰ. F832

中国国家版本馆 CIP 数据核字第 2024V1G666 号

书　　　名：**深层力量：培育中国特色金融文化**
　　　　　SHENCENG LILIANG: PEIYU ZHONGGUO TESE JINRONG WENHUA
作　　　者：金　巍　崔红蕊

出 版 人：刘华新
责任编辑：蒋菊平　南芷葳
版式设计：九章文化

出版发行：**人民日报**出版社
社　　　址：北京金台西路 2 号
邮政编码：100733
发行热线：（010）65369509　65369527　65369846　65369512
邮购热线：（010）65369530　65363527
编辑热线：（010）65369528
网　　　址：www.peopledailypress.com
经　　　销：新华书店
印　　　刷：大厂回族自治县彩虹印刷有限公司
法律顾问：北京科宇律师事务所　（010）83622312

开　　　本：880mm×1230mm　1/32
字　　　数：165 千字
印　　　张：9
版次印次：2025 年 1 月第 1 版　　2025 年 1 月第 1 次印刷

书　　　号：ISBN 978-7-5115-8503-5
定　　　价：48.00 元

如有印装质量问题，请与本社调换，电话（010）65369463

立言金融与发展丛书编委会

激发"深层力量",
开启中国特色金融文化新篇章

国家金融与发展实验室副主任　杨　涛

2024 年 1 月,习近平总书记在省部级主要领导干部推动金融高质量发展专题研讨班上提出了"积极培育中国特色金融文化"重要命题。这一命题为推动金融高质量发展提供了全新的思想指引和实践路径,迅速成为金融界关注的焦点。在此背景下,《深层力量:培育中国特色金融文化》一书应运而生。

深刻的时代需求

金融文化是国家金融体系的重要内容,是影响金融运行效率和资源配置效果的关键要素。然而,在过去的发展中,人们更多关注"硬性"制度框架和技术创新,而对"软性"文化力量的重视相对不足。在中国迈入高质量发展新阶段、构建新发展格局的关键时期,金融文化的重要性愈发凸显。中国特色金融文化不仅是文化自信的重要体现,更为金融体系提供了思想指导和价值导向。以文化和价值观的力量来助力金融治理，成为新时代金融治理体系不可或缺的内核。

对于文化与金融的内在互动与关联来说，本书有助于填补这一领域的诸多研究空白。从国家战略高度看，中国特色金融文化既是金融强国建设的重要支撑，也是文化强国建设的关键因素。积极培育中国特色金融文化是国家金融战略的组成部分，是金融文化软实力提升的理论升华。从国家金融战略视角认识中国特色金融文化，是本书的一大特点。从实践视角出发，中国特色金融文化建立在金融行业文化和金融企业文化的基础上，积极培育中国特色金融文化，有助于破解行业难题、提升合规水平，有助于防范金融风险，并通过构建稳健高效的金融体系服务国家发展大局。

系统的理论框架

从文化体系和相关要素分析视角阐释中国特色金融文化也是本书的另一大特点。本书以习近平新时代中国特色社会主义思想为根本遵循，构建了一个系统化的理论框架。这个框架以习近平文化思想和习近平关于金融工作重要论述为思想指引，以中国特色金融发展之路的立场、观点为理念，以"五要五不"为价值观架构，并从三层面分析行为规范，全面阐释了中国特色金融文化的核心内涵和实践路径。

价值观是文化体系的核心。习近平总书记提出的中国特色金融文化的基本要义是"五要五不"，即：诚实守信，不逾越底线；以义取利，不唯利是图；稳健审慎，不急功近利；守正创新，不脱实向虚；依法合规，不胡作非为。本书对此层层分解，深入解读，不仅剖析了金融价值观培育在金融职业道德、风险防控和服务宗旨方面的具体意义，还结合实践案例，展示了价值观引领如何在提升行业自律和社会信任方面发挥双重作用。

这个被简称为"1353"框架的体系逻辑严密、内涵丰富，为中国特色金融文化的研究提供了科学的理论支撑，也为金融文化建设的实践落地奠定了清晰的行动指南。

实践与创新的结合

理论的生命力在于实践。本书不仅对中国特色金融文化进行了理论上的全面解析，还通过展示金融文化建设的具体场景与成功案例，使本书兼具学术价值与现实意义。虽然我国金融文化领域还存在很多问题，与中国特色金融文化建设的目标有较大距离，但仍有一些创新探索和努力为中国特色金融文化培育提供了借鉴。书中分享的经验和事例，不仅展示了金融文化建设的现实路径，更为推动行业合规发展、提升从业者职业素养提供了有价值的参考。中国特色金融文化培育，需要更深入的实践观察和案例研究，理论与实践相结合的视角，能为实践者提供更丰富的操作范式。

展望未来

长期以来，从制度视角看经济增长，一直是诸多经济学家关注的焦点。2024 年诺贝尔经济学奖也授予了三位教授，表彰其"对制度如何形成以及如何影响繁荣的研究"。在金融强国建设的大背景下，文化作为"非正式制度"因素的典型代表，对于金融高质量发展具有突出的重要性。《深层力量：培育中国特色金融文化》以扎实的理论研究、深入的实践观察和独到的框架设计，为中国特色金融文化的构建提供了全新的视野与科学的路径。这不仅是学术研究的重要成果，更是实践领域的宝贵工具。

期待本书能够引发金融从业者、研究者乃至全社会对中国特色金融文化的广泛关注和深入思考，共同探寻这股"深层力量"如何塑造中国金融的未来。同时，也希望作者团队能够持续深入该领域的研究，推出更多具有影响力的研究成果，为中国特色金融文化的理论发展与实践落地作出更大贡献。

目 录
CONTENTS

推荐序　激发"深层力量"，开启中国特色金融文化新篇章

　　　　　　　　　　　　　　　　　　　　　　杨　涛 / I

前　言 / 001

第一章　导言：文化引领金融发展道路 / 007

　　一、背景：中国特色金融文化命题正当其时 / 009

　　二、释义：文化、金融文化与中国特色金融文化 / 038

　　三、特色之辨：文化差异、文化源流与现实影响因素 / 047

　　四、体系结构：思想指引、基石理念、价值观及行为规范 / 055

　　本章结语 / 074

第二章　中国特色金融文化的文化基因 / 079

　　一、中华优秀传统文化 / 081

　　二、革命文化与红色文化 / 094

三、世界近现代经济思想与金融文化 / 102

第三章　中国特色金融文化的思想指引与基石理念 / 115

一、思想指引 / 117

二、基石理念之一：坚持党的领导 / 124

三、基石理念之二：以人民为中心 / 131

四、基石理念之三：服务实体经济 / 140

五、其他重要理念：主线、路径与关系 / 149

第四章　金融价值观：核心文化力量 / 155

一、价值观与金融价值观 / 157

二、西方金融价值观主要内容与反思 / 164

三、我国金融价值观的变迁与重塑 / 171

第五章　"五要五不"价值观：金融价值观新架构 / 181

一、诚实守信，不逾越底线 / 183

二、以义取利，不唯利是图 / 189

三、稳健审慎，不急功近利 / 197

四、守正创新，不脱实向虚 / 204

五、依法合规，不胡作非为 / 209

第六章　行为规范：以规矩绘就金融文化蓝图 / 219

一、政府层面行为规范：构建规范体系 / 221

二、行业层面行为规范：塑造行业自律 / 228

三、企业层面行为规范：提升企业竞争力 / 235

第七章　场景实践：一些经验与事例 / 239

一、金融文化活动：金融文化的生动实践 / 241

二、文化传播阵地：金融文化的传播渠道 / 250

三、金融创新活动：金融文化的创新践行 / 256

四、基层工作：金融文化的根基 / 261

五、党建工作：金融文化建设的引领 / 270

前　言

　　2024 年 1 月，习近平总书记在省部级主要领导干部推动金融高质量发展专题研讨班的重要讲话中提出"积极培育中国特色金融文化"重大命题，迅速在金融业界引发强烈反响。

　　积极培育中国特色金融文化是金融高质量发展与金融强国建设的现实需要，是金融助力强国建设、民族复兴伟业的必然选择。在"两个大局"下，要把握新发展阶段，贯彻新发展理念，构建新发展格局，积极培育中国特色金融文化具有重大意义。所以，应人民日报出版社的邀约，我们着手研究中国特色金融文化这个课题。

　　这是一个重大挑战。我国学界在金融文化这个领域的研究是相对比较薄弱的，金融文化甚至没有像金融伦理学一样成为一个看起来系统化的学科。研究金融文化是一个跨学科、多领域交叉的工作，需要多领域的知识储备，这给重新审视金融文化问题造成了一定的困难。但我们希望通过努力，能够解决一些关于金融文化及中国特色金融文化认识上的问题，有效助力中国特色金融文化培育工作。

在构思这本书时，我们考虑至少要解决以下两个问题：

第一，我们从什么视野上认识中国特色金融文化。

与以往业界讨论的金融文化建设问题（尤其是行业文化和企业文化）不同，中国特色金融文化这一重大命题有特殊的时代背景。中国进入新发展阶段，作为"国之大者"的金融，要承担国家战略任务和历史使命，为此国家推出了一系列金融发展新战略。在这种背景下，中国金融走什么样的道路就成为首先要回答的问题。中国特色金融文化就是答案之一。

这个背景也决定了中国特色金融文化的战略地位。中国特色金融文化与金融高质量发展、金融强国建设、中国特色金融发展之路等共同形成了新时期国家金融战略图谱。站在国家金融战略高度上，中国特色金融文化的定位比一般讨论的金融文化建设问题自然要更高。中国特色金融文化的定位至少包括：是一种国家金融文化软实力；是我国新时期金融治理的德治力量；是中国特色社会主义文化的重要组成部分。在这个视野和定位上，我们能更好地理解积极培育中国特色金融文化的重要意义。

第二，我们要搭建一个什么样的知识框架来分析中国特色金融文化。

习近平总书记关于中国特色金融文化的重要论述是新时期金融文化建设的行动指南。尤其是总书记在省部级主要领导干部推动金融高质量发展专题研讨班的重要讲话中提出的"五要五不",作为对中国特色金融文化内涵的浓缩表述,是中国特色金融文化的价值观表达,是构建中国特色金融文化价值观的基础。以习近平总书记重要论述为基本遵循,我们从文化体系构建角度上,梳理了更全面认识文化体系中的思想指引、理念以及行为规范等更多的内容。

在认真学习领会习近平新时代中国特色社会主义思想及文化建设相关主要论述的基础上,我们借鉴金融文化建设、组织文化体系等领域的研究成果,搭建了一个认识中国特色金融文化体系的"1353"框架,这一框架包括一个思想指引、三大基石理念、"五要五不"价值观以及三层面行为规范。思想指引是习近平文化思想和习近平关于金融工作重要论述,三大基石理念包括坚持党的领导、以人民为中心、服务实体经济,"五要五不"价值观是中国特色金融文化体系的核心内容,三层面行为规范指国家、行业和企业三个层面制定主体主导的行为规范。

进一步地,基于这个框架,我们将本书分为七章。第一章为导言部分,这部分是全书的浓缩版,基本阐明了我们对中国金融文化的认识逻辑和主要观点。第二章至第六章基本以"1353"框架为基础设计，其中关于价值观的部分分为两章。第七章是特殊的一章，主要提供金融文化建设的现实场景，分享了一些既往的工作经验和事例。

国内外一些研究成果提供了良好的范式，金融体系已经开展的一些文化建设工作经验也给了我们很多启示。我们重点关注了中国金融史、金融伦理学、文化学、组织文化等领域的相关研究成果，查阅并参考了近年来我国金融文化建设实践的相关资料，同时对相关政策进行了梳理。我们希望为读者提供一个完整认识中国特色金融文化的窗口，为读者呈现一个立体、全面、深入的中国特色金融文化图景，使读者更好地理解中国特色金融文化这一重大命题的现实意义。

本书得到了很多前辈和学者的关心和支持，在此要特别感谢为本书题写推荐语的老师，他们是：中国社会科学院学部委员、国家金融与发展实验室理事长李扬，十三届全国政协委员、原中国保监会副主席周延礼，中国银行原副行长王永利和国家金融与发展实验室副主任杨涛。

人民日报出版社的领导和各位编辑老师为本书的撰写和出版提供了大力支持，在这里尤其是要对责任编辑蒋菊平、南芷葳表达诚挚的谢意，她们的专业素养和一丝不苟的工作态度，确保了本书的出版质量。本书作为"立言金融与发展丛书"系列成果出版，在此要感谢北京立言金融与发展研究院所有参与编写工作的同事们。

尽管我们力求完美，但本书仍有不足之处，恳请读者批评指正。我们愿与读者共同探讨、共同进步，为推动中国金融健康发展贡献力量。

金巍　崔红蕊

2024 年 9 月于北京

导言：文化引领金融发展道路 ①

■■■■■■ **导读：**马克斯·韦伯说："如果说我们能从经济发展史中学到什么，那就是文化会使局面几乎完全不一样。"无论是发展经济还是发展金融，是时候重视文化问题了。我国已经明确提出要走中国特色金融发展之路，这条道路不仅需要坚实的经济基础，更需要一面引领方向的文化旗帜，这面旗帜就是中国特色金融文化。这一章，我们将探讨培育中国特色金融文化的重要性，分析影响其形成和发展的关键因素，构建中国特色金融文化体系的基本框架，并综述这一体系中的四个核心组成部分：思想指引、基石理念、价值观和行为规范。

---

① 本部分是在金巍发表在《金融时报》理论版（2024年7月29日）的文章《中国特色金融文化的意义、影响因素及体系构建》的结构上进行丰富和补充形成的。

一、背景：中国特色金融文化命题正当其时

（一）一个重大命题的提出

自 2020 年以来，中国面临的国际国内形势变得异常复杂。面对这种复杂性，有两个关键词至关重要：一是"百年未有之大变局"，二是新发展阶段。

"百年未有之大变局"是对当前和未来世界局势变化的基本判断。在这个局势变化中，中国如何应对，成为所有行业都必须考虑的问题。在百年未有之大变局下，有哪些新形势？是全球经济格局的变化，特别是经济中心正在向发展中国家和亚太地区转移；是国际秩序和全球治理格局的重塑，二战以来形成的以美国为中心的旧秩序正在被打破；是全球数字技术革命带来的生产方式的变化，对就业、人口、资源等问题都将形成新挑战；是文明发展道路的冲突，很多国家都在重新选择适合自身发展的模式；是区域冲突可能引发的大国争端；是全球气候变暖加剧带来的环境灾难……

面对这些变化，我们不禁思考：这些变化会比过去一百年中的一战、二战带来的变化更大吗？会比冷战时期"两大阵营"的形成和最终解体对世界的影响更大吗？未来数十年，

唯一确定的是不确定性。

但无论国际时局如何变化，实现中华民族伟大复兴的战略目标从未改变。按照既定的战略路线图，我国已经步入新发展阶段，新发展阶段成为中国发展的新坐标，剑指 2035 和 2049。在新发展阶段，中国要全面建设社会主义现代化国家，向第二个百年奋斗目标进军。从现在开始到 2035 年，是一个关键周期，我国的发展目标是基本实现社会主义现代化。如何应对大变局，考验着中国的智慧。

统筹国内国际两个大局——统筹实现中华民族伟大复兴的战略全局和世界百年未有之大变局，成为一切战略谋划的基准点。

在新发展阶段，面对国内外的复杂形势，党和政府展现出了坚定的战略定力。在制定国家发展战略时，始终将发展作为核心任务。我党提出，在新发展阶段，"发展是党执政兴国的第一要务"，要"把握新发展阶段，贯彻新发展理念，构建新发展格局"。

2020 年 10 月，中国共产党第十九届中央委员会第五次全体会议通过了《中共中央关于制定国民经济和社会发展第十四个五年规划和二〇三五年远景目标的建议》，提出"十四五"时期经济社会发展要以推动高质量发展为主题，构建以国内大循环为主体、国内国际双循环相互促进的新发展格局，到二〇三五年基本实现社会主义现代化。党的二十大报告中指出，从现在起，中国共产党的中心任务就是团结带领全国各族人民全面建成社会主义现代化强国、实现第二个百年奋斗目标，以中国式现代化全面推进中华民族伟大复兴。党的二十大报告还指出，高质量发展是全面建设社会主义现代化国家的首要任务。没有坚实的物质技术基础，就不可能全面建成社会主义现代化强国。

2024年7月15日至18日，党的二十届三中全会审议通过了《中共中央关于进一步全面深化改革、推进中国式现代化的决定》。本次大会的主题词是"全面深化改革"和"中国式现代化"，全会认为，面对纷繁复杂的国际国内形势，面对新一轮科技革命和产业变革，面对人民群众新期待，必须自觉把改革摆在更加突出位置，紧紧围绕推进中国式现代化进一步全面深化改革。全会提出，高质量发展是全面建设社会主义现代化国家的首要任务。

党的十八大以来，以习近平同志为核心的党中央从战略全局出发，加强对金融工作的全面领导和统筹谋划，推出了一系列战略决策，构成了新时代发展的国家金融战略。在新发展阶段，我国的国家金融战略体系不断丰富，战略目标更加明确。习近平总书记强调："金融是'国之大者'，关系中国式现代化建设全局。""金融是国民经济的血脉，是国家核心竞争力的重要组成部分。"① 在新形势下，金融要胸怀"国之大

---

① 中共中央党史和文献研究院.习近平关于金融工作论述摘编［M］.北京：中央文献出版社，2024.

者"，要服务国家战略，围绕高质量发展和中国式现代化的目标，贯彻创新、协调、绿色、开放、共享的新发展理念，为全面推进强国建设、民族复兴伟业提供有力支撑。

中央在多次会议中阐明了关于我国金融发展的战略新主张，有三个关键的时间节点和一些重要的关键词需要我们特别关注。

2019年2月22日，中共中央政治局就完善金融服务、防范金融风险举行第十三次集体学习。习近平总书记在这次学习的讲话中指出："我们要坚持以马克思主义立场、观点、方法为指导，深化对金融本质和规律的认识，立足中国实际，走出中国特色金融发展之路。"[①] 在国家最高决策层发出的"中国特色金融发展之路"的声音，开启了我国金融发展战略的新视野。习近平总书记后来就中国特色金融发展之路命题进行深刻阐述，这些阐述构成了中国特色金融文化的基本理念。这次会议还同时提出了"深化金融供给侧结构性改革"等重要问题。

2023年10月30日至31日，中央金融工作会议在北京举行，习近平总书记在会议上作了重要讲话。会议强调"坚定不移走中国特色金融发展之路"，并提出了"八个坚持"的基本内涵，即坚持党中央对金融工作的集中统一领导，坚持以人民为中心的价值取向，坚持把金融服务实体经济作为根本

---

① 中共中央党史和文献研究院. 习近平关于金融工作论述摘编［M］. 北京: 中央文献出版社，2024.

宗旨，坚持把防控风险作为金融工作的永恒主题，坚持在市场化法治化轨道上推进金融创新发展，坚持深化金融供给侧结构性改革，坚持统筹金融开放和安全，坚持稳中求进工作总基调。关于中国特色金融发展之路的内涵阐述，表达了党和国家在这个主题上的基本立场、观点和方法。这次会议还提出"加快建设金融强国"重大战略目标，提出了金融高质量服务的三个着力点（着力营造良好的货币金融环境、着力打造现代金融机构和市场体系、着力推进金融高水平开放）。中央金融工作会议提出了金融工作的"两个结合"，即把马克思主义金融理论同当代中国具体实际相结合、同中华优秀传统文化相结合。习近平总书记在中央金融工作会议上指出："要在金融系统大力弘扬中华优秀传统文化，坚持诚实守信、以义取利、稳健审慎、守正创新、依法合规，守好中国特色现代金融体系的根和魂。"① 这五个方面内容的提出，是后来提出培育中国特色金融文化重大命题的序幕。

2024 年 1 月 16 日，省部级主要领导干部推动金融高质量发展专题研讨班在中央党校（国家行政学院）开班，习近平总书记发表重要讲话，重申了中国特色金融发展之路的基本内涵（"八个坚持"），并提出了金融强国的六大关键核心要素（强大的货币、强大的中央银行、强大的金融机构、强大的国

---

① 中共中央党史和文献研究院.习近平关于金融工作论述摘编［M］.北京：中央文献出版社，2024.

际金融中心、强大的金融监管、强大的金融人才队伍）。同时，提出了构建中国特色现代金融体系的"六大体系"（包括金融调控、金融市场、金融机构、金融监管、金融产品和服务、金融基础设施）。在这次讲话中，习近平总书记明确提出了"中国特色金融文化"重大命题，并在中央金融工作会议的内容基础上进一步丰富了内容。习近平总书记指出，推动金融高质量发展、建设金融强国，要坚持法治和德治相结合，积极培育中国特色金融文化，做到：诚实守信，不逾越底线；以义取利，不唯利是图；稳健审慎，不急功近利；守正创新，不脱实向虚；依法合规，不胡作非为。① 具体来说，中国特色金融文化的核心内容为：

一要诚实守信，不逾越底线。中华优秀传统文化强调重信守诺。金融行业以信用为基础，更要坚持契约精神，恪守市场规则和职业操守。要发扬"铁算盘、铁账本、铁规章"传统，始终不做假账。坚持欠债还钱，珍惜信誉，不当老赖。要加强行业自律，对严重失信者终身禁业。

二要以义取利，不唯利是图。中华优秀传统文化强调"先义而后利者荣，先利而后义者辱"，见利忘义一向

---

① 新华网．习近平在省部级主要领导干部推动金融高质量发展专题研讨班开班式上发表重要讲话［EB/OL］．http://www.news.cn/20240116/cbe3a5745dc54144b4d783f697eb0a3f/c.html，2024-1-16.

为君子所不齿。金融具有功能性和盈利性双重属性，盈利要服从功能发挥。金融行业要履行好社会责任，实现金融与经济、社会、环境共生共荣。

三要稳健审慎，不急功近利。中华优秀传统文化强调"欲速则不达，见小利则大事不成"。国际上一些金融机构能够成为百年老店，基业长青，最重要的秘诀是稳健审慎。金融行业要树立正确的经营观、业绩观和风险观，稳健审慎经营，既看当下，更看长远，不贪图短期暴利，不急躁冒进，不超越承受能力而过度冒险。

四要守正创新，不脱实向虚。关键是解决好金融为谁服务、为什么创新问题，紧紧围绕更好服务实体经济、便利人民群众推动创新，不能搞伪创新、乱创新。

五要依法合规，不胡作非为。金融运营特别讲究依法合规。金融机构和从业人员要严格遵纪守法，遵守金融监管要求，自觉在监管许可的范围内依法经营，不能靠钻法规和制度空子、规避监管来逐利，更不能撞红线、冲底线，游走于法外。

——《在省部级主要领导干部推动金融高质量发展专题研讨班上的讲话》（2024 年 1 月 16 日）①

---

① 中共中央党史和文献研究院.习近平关于金融工作论述摘编［M］.北京：中央文献出版社，2024.

这段阐述被简称为中国特色金融文化"五要五不"。自此，中国特色金融文化正式走入国家金融战略谱系。

此后，政府部门在制定相关政策时，越来越重视将中国特色金融文化主题纳入议题当中。例如，2024 年 3 月 15 日中国证监会发布的《关于加强证券公司和公募基金监管加快推进建设一流投资银行和投资机构的意见》中专门提出"深入开展中国特色金融文化建设"，内容以"五要五不"为主要指针设计。2024 年 9 月 2 日，中国证券业协会发布修订的《证券从业人员职业道德准则》，这是在中国特色金融文化重大命题提出后发布的，其中明确指出：本次修订发布是为贯彻落实中央金融工作会议要求以及习近平总书记在省部级主要领导干部推动金融高质量发展专题研讨班上的重要讲话精神，弘扬中华优秀传统文化，引导行业机构和证券从业人员积极践行"五要五不"中国特色金融文化，强化从业人员职业道德建设，加强投资者保护。

（二）成就与问题：呼唤中国特色

金融文化不是一个新课题，学界有较多的研究，中国特色金融文化命题也曾在业界有所讨论。在政策层面，相关部门已经采取了一系列措施来推动金融行业文化和金融企业文化建设，也取得了积极的成果。

新中国成立以来，我国金融业发展取得了历史性成就。党的十八大以来，在以习近平同志为核心的党中央坚强领导下，我国坚定不移走好中国特色金融发展之路，持续推动金融事业高质量发展，金融业综合实力进一步增强，服务经济社会发展能力不断提升，中国正从金融大国向着金融强国奋力前行。[①]自改革开放以来，我国一直有序推进金融改革，在促进发展、风险治理、产品创新、对外开放等各方面都取得了巨大的进步，已经构建了一个涵盖银行、保险、证券、信托等多个领域的全面且庞大的金融体系，为经济发展作出了重大贡献。根据国家统计局相关数据，2023年我国金融业增加值达到10677亿元[②]，占国内生产总值的比重为7.98%。根据中国人民银行发布的数据，截至2023年末，我国金融业机构总资产为461.09万亿元，位居世界前列。其中，我国银行业资产总规模位居全球第一。尤其是近二十年来，我国银行业金融机构的总资产呈现稳步扩张的态势，从2003年的约27.7万亿元增长至2023年的超过417万亿元，增长约15倍。（见图1-1）另外，我国股票、债券、保险的规模位于全球第二，人民币居全球第四大支付货币地位，这些变化都表明我国金融业的国际竞争力和影响力大幅提升，已经成为一个世界金融大国。

① 新华网.为经济社会发展大局提供有力金融支撑——新中国成立75周年金融业发展成就综述［EB/OL］.http：//www.news.cn/politics/20240922/235847f5b3354d1a9fa1dd16758d6f9b/c.html，2024-9-22.

② 国家统计局.中华人民共和国2023年国民经济和社会发展统计公报［EB/OL］.https：//www.stats.gov.cn/sj/zxfb/202402/t20240228_1947915.html#：~：text=Aa.%20%E5%AD%97%E4%BD%93%EF%BC%9A%20%E5%B0%8F，2024-2-29.

（亿元）

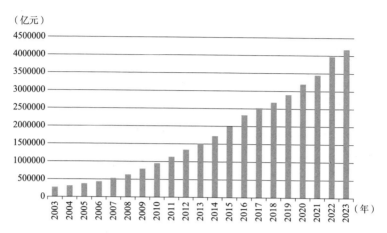

图1-1   2003—2023年我国银行业金融机构总资产变化趋势图
数据来源：Wind

要看到成就，但也应看到问题。2019年2月22日，习近平总书记在中央政治局第十三次集体学习上的讲话中指出："同时，我们必须看到，我国金融业的市场结构、经营理念、创新能力、服务水平还不适应经济高质量发展的要求，长期积累的金融风险居高难下，诸多矛盾和问题仍然突出。"①2023年召开的中央金融工作会议也指出："金融领域各种矛盾和问题相互交织、相互影响，有的还很突出，经济金融风险隐患仍然较多，金融服务实体经济的质效不高，金融乱象和腐败问题屡禁不止，金融监管和治理能力薄弱。""金

---

① 中共中央党史和文献研究院.习近平关于金融工作论述摘编［M］.北京：中央文献出版社，2024.

融乱象"一词多次出现在中央会议上 [①]，可见金融领域存在的问题仍是很严重的。

金融文化建设方面，也是成就与问题并存。改革开放以来，我国金融行业已经形成了新的有别于计划经济时代的金融文化，金融机构重视吸收新理念，以人为本、求实创新等理念深入人心。早在 2002 年，包括证券交易所、证券公司和银行机构的 22 家金融机构曾联合发出倡议，提出在金融行业树立"严格、规范、谨慎、诚信、创新"十字行风，在业内引起了良好的反响。金融文化建设分别在银行业、证券业、保险业等不同金融领域取得了较大的进步。

2010 年 8 月，中国银监会印发《银行业金融机构从业人员职业操守指引》；2018 年 3 月，中国银监会印发《银行业金融机构从业人员行为管理指引》；2020 年，中国银行业协会印发《银行业从业人员职业操守和行为准则》。这些文化建设的行业性规范为银行业文化建设提供了指南。特别是一些大型金融机构，如中国工商银行、招商银行、北京银行等，也形成了各自独特的企业文化特色。

2013 年 3 月，中国保监会发布保险行业核心价值理念和保险监管核心价值理念，保险行业核心价值理念为"守信用、

---

① 2017 年 7 月 24 日，中共中央政治局召开会议分析研究经济形势和经济工作，会议提出"金融乱象"问题，指出"要深入扎实整治金融乱象，加强金融监管协调，提高金融服务实体经济的效率与水平"。

担风险、重服务、合规范"，保险监管核心价值理念为"为民监管、依法公正、科学审慎、务实高效"。2013 年 4 月，中国保监会印发《关于加强保险行业文化建设的意见》，就加强保险行业文化建设作出了全面部署。中国人寿保险（集团）公司、中国人民财产保险股份有限公司、中国平安保险（集团）有限公司等保险机构在企业文化建设上形成了较为鲜明的特色。为深入贯彻中央金融工作会议精神，提升金融机构依法合规经营水平，培育中国特色金融文化，2024 年 8 月，国家金融监督管理总局印发《金融机构合规管理办法（征求意见稿）》，这是新时期新监管格局下规范金融合规文化建设的重要文件。

2019 年 8 月，中国证监会成立了行业文化建设工作领导小组，并印发了《建设证券基金行业文化　防范道德风险工作纲要》，推进"合规、诚信、专业、稳健"的证券基金行业文化建设，将 2019 年 8 月至 2021 年 12 月作为行业文化基础建设期。在此期间，各证券公司文化建设取得了较大的进展①。2021 年，中国证券业协会发布了《证券行业文化建设十要素》，提出"文化建设应坚持与公司治理、发展战略、发展方式、行为规范深度融合"，推行"合规、诚信、专业、稳健"的行业

---

① 根据中国证券业协会数据，截至 2021 年底，116 家证券公司公布展示文化建设配套制度建设与提升计划；50 多家证券公司将文化建设纳入公司章程；53 家证券公司明确在绩效考核中增加文化建设相关指标；79 家证券公司设立了文化建设专项经费；71 家证券公司董事长、总经理接受媒体访谈，发表文化建设研究文章近 200 篇；34 家证券公司被评为 2020 年度行业文化建设 A 类、B 类公司，获得证券公司分类评价加分。

文化，从行为、组织、观念三个层次，提出证券行业文化建设的十个关键要素，即平衡各方利益、建立长效激励、加强声誉约束、落实责任担当、融合发展战略、强化文化认同、激发组织活力、秉承守正创新、崇尚专业精神以及坚持可持续发展，为证券公司有效践行证券行业文化价值观和企业文化建设提供了指导。2022年，中国证券业协会修订发布了《证券公司文化建设实践评估办法（试行）》及《证券公司文化建设实践年度报告编制指引》，此外还发布了《证券公司声誉风险管理指引》《证券经营机构及其工作人员廉洁从业实施细则》《证券从业人员职业道德准则》等自律规则，推动了中国特色证券业文化建设。2024年，国务院印发《国务院关于加强监管防范风险推动资本市场高质量发展的若干意见》（国发〔2024〕10号），业内称"新国九条"。该文件提出要"积极培育良好的行业文化和投资文化"，强化了资产市场的监管和合规文化建设要求。

2020年6月，中国信托业协会发布《信托公司信托文化建设指引》，指出信托文化建设要回归信托本源，服务实体经济，满足人民群众日益增长的财富管理需求，形成"诚信、专业、勤勉、尽职"的良好价值理念。这是信托行业在文化建设方面的重要指引。随后，中国信托业协会陆续发布《信托文化建设五年规划（2020—2024）》及《信托公司信托文化建设工作手册》。根据中国信托业协会调研数据，《信托文化建设五年规划（2020—2024）》发布两年后，88.89%的信托公司都组建了信托文化建设的组织架构，成立了信托文化建设领导小组。很多信托机构也制定了信托文化建设规划，如中诚信托制定的《中诚信托有限责任公司信托文化建设五年规划（2020—2024）》。2023年7月，信托文化建设指标被纳入新版《信托公司行业评级指引》。

近年来，清廉金融文化是金融文化建设的重要"主题词"，金融行业加强清廉文化建设，取得了一定成效。为落实党中央《关于加强新时代廉洁文化建设的意见》，2022年3月，中国证监会党委印发《关于加强系统廉洁文化建设的实施意见》；2022年5月，中国银保监会印发《关于深入推进银保监会系统清廉金融文化建设的指导意见（试行）》。各地积极响应，发布相关政策，开展相关活动，包括召开警示教育会，观看警示教育片，举办清廉金融文化知识竞赛、演讲比赛、主题读书、清廉金融文化进基层、主题征文等活动，推动了金融文化建设。

改革开放以来，尤其是自党的十八大以来，我国金融体系强化金融文化建设，政府部门、行业组织和金融企业齐发力，积极利用文化阵地，宣传弘扬正确文化价值观，利用文化艺术活动、新闻媒体宣传金融文化，积极探索将文化建设融入业务活动当中，狠抓基层文化建设，积极开展文化活动，以党建思政工作引领文化建设，取得了积极的成效。

然而，我们也必须清晰地认识到，尽管我国金融文化建设取得了一定的成就，但仍与社会期待和现实需要有较大的差距。有一个基本事实是，我国金融文化建设现状与当前国家的战略要求出现了错位。所以，以中国特色为重点，积极培育新时代金融文化十分紧迫和必要。

金融文化发展到今天，自觉和自信的成分相对较弱，仍缺乏鲜明的自身特色；经营理念仍然滞后，难以适应新发展要求。更为严重的是，金融体系已经出现了价值观偏离、行风日益败坏的趋势，严重影响了金融发展的质量。

第一，违背初心。有的时候，路走得久了，常常忘了当初为什么上路。我们的金融体系事实上就存在这种情况。这是信仰问题、思想问题，也是文化问题。如我国的股票市场，走着走着，就忘了股票市场的本质是为广大投资者服务的。而很多机构从来都认为股票市场是为融资者服务的，将少数上市企业当作"上帝"，股市成为融资者的"天堂"。中国的股票市场只有少数人获利，多数人当了"韭菜"，并没有因数十年中国经济发展奇迹而享受红利。又如，一些机构忘记金融服务实体经济的天职和宗旨，陷于虚拟经济的"泥沼"，满足于虚拟经济带来的超额回报，大量资金空转在虚拟经济中，而实体经济缺乏流动性。很多金融从业人员不知实体经济为何物。

第二，基本伦理缺失。金融伦理代表着基本价值观，反映了金融文化建设的基本水平。比如，诚信这个问题。诚信既是我国传统文化伦理的重要组成部分，也是我国各行各业一直提倡的基本价值观。但几十年来在我国的资本市场，违背诚信、财务造假的事件比比皆是，最近的案例就是受到重罚的恒大地产集团①。在业内，造假者不以为耻，旁观者也认为理所当然，底线缺位，职业道德缺失，行业风气日趋败坏。证券业曾就自身文化建设做了总结，认为从整体看，行业文化、职业道德等"软实力"发展相对滞后，与业务经营发展不平衡、不协调的问题比较突出，健康的投资者文化和内部人文化缺失，制约着行业经营质量效率的全面提升②。"影子股东""影子公司""政商旋转门""提前筑巢""逃逸式辞职"等新型腐败和隐性腐败等问题已经非常严重，引起了国家的高度重视。

第三，错误思想泛滥。这些错误思想包括"金融精英论""唯金钱论""西方看齐论""特殊论""例外论"③，以及所

① 2024年3月，中国证监会向中国恒大地产集团发出行政处罚及市场禁入事先告知书（处罚字〔2024〕36号），指出恒大地产披露的2019年、2020年年报存在虚假记载，公开发行公司债券涉嫌欺诈发行，同时未按照规定报送有关报告或者履行信息披露义务等违法违规行为。其中，两年虚增收入5641亿元。

② 中国证券监督管理委员会，易会满主席出席证券基金行业文化建设动员大会并讲话[EB/OL].http://www.csrc.gov.cn/csrc/c100028/c1000878/content.shtml，2019-11-21.

③ 2023年2月1日，中央纪委国家监委网站发表中央纪委国家监委第十三审查调查室文章《坚决打赢反腐败斗争攻坚战持久战》，指出：深化对金融、央企领域和行业"四风"表现形式和特点的认识，坚决摒弃"例外论""特殊性""优越性""无关论""业务需要论"等错误论调，破除"金融精英论""唯金钱论""西方看齐论"等错误思想，整治过分追求生活"精致化"、品位"高端化"的享乐主义和奢靡之风，纠治行业"潜规则"和不正之风，铲除"破窗"效应、"法不责众"心理和"比烂"心态，不断加固金融和央企领域落实中央八项规定精神的堤坝。见中央纪委国家监委网站（https://www.ccdi.gov.cn/llxx/202308/t20230824_288097.html）。

谓"价值中立论"等。由于事实上形成的收入差别，一些人自认为精英阶层，高人一等，追求奢靡和精致生活，寻求例外。无论是企业经营还是个人职业规划，都以金钱为唯一标准，金钱至上、利润第一；在思想和方法论上一切向西方看齐，从西方理论和经验中找答案，凡事对标美国。还有一种思想是所谓"价值中立"或"价值无涉"，从实证经济学角度上认为金融是一种"价值中立"的客观科学，是纯粹的技术，从而忽视价值判断。这些错误思想一度泛滥，给金融的健康发展造成了巨大伤害。

第四，经营理念滞后。虽然很多银行机构提倡"以人为本""客户至上"的经营理念，但本质上是以我为主、银行本位的思想，理念上追求销售第一，利润至上。很多金融机构的社会责任意识淡漠，缺乏将企业社会责任与经营理念相结合的设计。国有金融机构体制僵化，吃老本，吃"垄断饭"，缺乏真正的市场意识和创新意识。有些机构的合规经营理念缺乏，忽视稳健审慎经营规则。很多投资机构缺乏长期投资、责任投资的理念，投机主义盛行。

第五，文化建设方式方法上流于形式。如果没有从理念层面认识文化建设，那么文化建设往往不能触及核心，多流于表面和形式。很多单位认为文化建设是不紧迫不重要的事，将主体责任推给工会、妇联等群团组织，把金融文化建设当作"过过文化生活""搞搞书法绘画和文艺表演活动"，并未真正关注金融文化价值观塑造。从整个行业看，虽然有政府部门和行业组织相关政策和行为规范的要求，一些机构制定的条条框框也不少，但多是"纸面文章"，实际执行乏力，也缺乏必要的督导，没有将文化建设作为必要工作进行严格考核。

由于种种问题的存在，金融文化建设已经成为金融发展战略中的短板，长此以往将成为金融高质量发展和金融强国建设的阻碍。如何突破金融文化建设困局？"中国特色"就是一剂药方，中国特色金融文化命题正当其时。

（三）特殊的战略定位

中国特色金融文化重大命题的提出有特殊的时代背景，因而有特殊的战略定位。

第一，积极培育中国特色金融文化是国家金融战略的重要组成部分。

中国特色金融文化是金融文化，又不同于一般意义的金融文化。中国特色金融文化是正在重塑的金融文化形态，是一种符合中国特色金融发展道路的理想形态。中国特色金融文化命题的提出，是对金融文化建设的一种战略设计。

结合进入新发展阶段以来党中央在金融发展战略方面提出的新主张，我们可以提炼出其中六个关键词，也是六个战略焦点，即：中国特色金融发展之路、金融强国、中国特色金融文化，以及金融供给侧结构性改革、金融高质量发展、中国特色现代金融体系。这六个关键词共同构成了新时代金融工作的战略框架。再结合 2017 年全国金融工作会议提出的金融工作三大任务（服务实体经济、防控金融风险、深化金融改革）和四项原则（回归本源、优化结构、强化监管、市场导向），以及当前备受关注的"做好科技金融、绿色金融、普惠金融、养老金融、数字金融五篇大文章"，我们可以看到这些关键词之间的内在联系。这种联系形成了新发展阶段国家金融战略谱系，如图 1-2 所示。

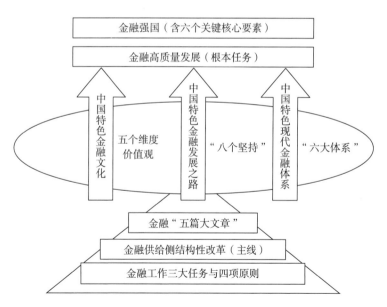

图 1-2　新时期我国金融发展战略关键词关系图

在国家金融战略谱系中，"中国特色"是关键词。自从1982年邓小平提出"建设有中国特色的社会主义"的重大命题①以来，"中国特色"与"中国道路"就一直与我国经济社会发展息息相关。但对我国金融发展来说，"中国特色"命题，从来没有像今天这样重要。

中国特色金融发展之路、中国特色金融文化和中国特色现代金融体系，是这个新发展阶段国家金融战略谱系的灵魂。这三者之间也有密切的关系：中国特色金融发展之路是金融发展的总路线，是党中央关于新发展阶段金融发展的总立场。关于中国特色金融发展之路的思想表达（"八个坚持"）构成了中国特色金融文化体系的基本理念。中国特色现代金融体系包括金融调控、金融市场、金融机构、金融监管、金融产品和服务、金融基础设施"六大体系"，构建中国特色现代金融体系，要坚持"两个结合"以确保体系构建的"中国特色"，要将中国特色金融文化融入体系构建工作之中。所以，中国特色金融文化是中国特色现代金融体系的"根与魂"，中国特色现代金融体系是积极培育中国特色金融文化最重要的"场景"。

当下强调金融发展的"中国特色"命题，包括中国特色

---

① 1982年9月1日至11日，中国共产党第十二次全国代表大会在北京召开。邓小平在开幕词中提出："把马克思主义的普遍真理同我国的具体实际结合起来，走自己的道路，建设有中国特色的社会主义。"

金融文化这一重大命题，表明了党和国家在新发展阶段金融发展战略的明确主张，就是发展金融坚持中国特色，要走中国特色发展之路。这是历史发展的必然，也是基于新时代的紧迫形势需要。

第二，中国特色金融文化是一种国家金融文化软实力。

软实力和文化软实力的概念源自西方学者的研究[①]，现在文化软实力问题已经受到世界各国的重视，也成为我国文化建设的战略重点。党的二十大报告中指出，要"不断提升国家文化软实力和中华文化影响力"。金融不只是要服务文化艺术生产，不只是服务文化产业发展，还要为提升国家文化软实力作贡献。金融文化本身就是一种软实力，既是国家金融竞争力的重要组成部分，也是国家文化软实力的重要组成部分。所以，积极培育中国特色金融文化，就是提升国家金融文化软实力。

什么是国家金融文化软实力？就是一国金融文化所具有的创造力、传播力、影响力，以及由此形成的竞争力。各国国家金融文化软实力之间存在竞争关系，这种竞争本质上是价值观之间的竞争，良性的竞争有利于文化的共赢，形成正和博弈。以软实力思维培育金融文化，有利于全面系统审视

[①] 美国国际政治学家约瑟夫·奈（Joseph Nye）于20世纪90年代初首创"软实力"理论，并将软实力分为三个部分：政治价值观、文化及外交政策。文化软实力位居其一。

金融文化，取长补短。

第三，中国特色金融文化是我国金融治理的德治力量。

习近平总书记在推动金融高质量发展、建设金融强国这个目标下提出了"要坚持法治和德治相结合"的金融治理原则和思想，同时紧接着提出要"积极培育中国特色金融文化"，这三个方面是紧密相关的。其中培育中国特色金融文化就是金融治理的德治力量，是金融德治建设的重要内容。德治是中国式国家治理的传统智慧，法治和德治相结合正被应用于各个领域。习近平总书记指出，法律是成文的道德，道德是内心的法律。法律和道德都具有规范社会行为、调节社会关系、维护社会秩序的作用，在国家治理中都有其地位和功能。法安天下，德润人心。①

在金融高质量发展和建设金融强国目标下，提出金融治理的法治和德治相结合的治理原则，并紧接着提出中国特色金融文化命题，是赋予文化建设的德治任务，同时也赋予法治和德治相结合以文化意义。法治和德治相结合的原则，旨在强调道德在金融发展中的作用，引申开来就是要强调文化的作用。如此，金融治理需要两个支柱，一个是法治的力量，一个是德治的力量，也就是道德和文化的力量。中国特色金

---

① 央视网. 习近平在中共中央政治局第三十七次集体学习时强调 坚持依法治国和以德治国相结合 推进国家治理体系和治理能力现代化［EB/OL］.https：//tv.cctv.com/2016/12/10/VIDEXKkOQCqog5VfjwqQbxhg161210.shtml，2016–12–10.

融文化的核心是金融价值观，更核心的部分就是金融伦理，也就是以道德评价为特征的价值观。所以积极培育中国特色金融文化，就是积极培育中国金融治理的德治力量，以中国特色金融文化为重要内容的金融德治与金融法治共同构成新发展阶段金融治理的两大支柱。

第四，中国特色金融文化是新时代中国特色社会主义文化的重要组成部分。

中国特色金融文化是一种"亚文化"，中国特色社会主义文化是中国特色金融文化的主文化或"母文化"。党的十五大报告首次提出"有中国特色社会主义的文化建设"这个命题。党的十九大报告中指出："中国特色社会主义文化，源自于中华民族五千多年文明所孕育的中华优秀传统文化，熔铸于党领导人民在革命、建设、改革中创造的革命文化和社会主义先进文化，植根于中国特色社会主义伟大实践。""中国特色社会主义文化是激励全党全国各族人民奋勇前进的强大精神力量"，"要坚持中国特色社会主义文化发展道路"。从思想基础、文化传承等方面，中国特色金融文化与中国特色社会主义文化都有相通性，同时又有金融活动的特殊性。

2023 年 6 月 2 日，习近平总书记在文化传承发展座谈会上的重要讲话中提出"新时代中国特色社会主义文化"这一概念，指出："我们必须坚持马克思主义中国化时代化，传承发展中华优秀传统文化，促进外来文化本土化，不断培育和创造新时代中国特色社会主义文化。"①这为中国特色社会主义文化建设确定了新的历史方位。新时代中国特色社会主义文化与中国特色社会主义文化一脉相承，但又具有新时代的特点。新时代中国特色社会主义文化是以习近平文化思想为思想指针的文化形态，是符合中国特色社会主义发展规律的新的文化形态。中国特色金融文化是在新时代背景下提出的国家金融战略的一部分，也是新时代中国特色社会主义文化的重要组成部分。明确中国特色金融文化在新时代中国特色社会主义文化中的定位至关重要。

（四）重大意义

作为一个概念，中国特色金融文化在学术界和金融界曾被探讨，这个概念在新发展阶段被提升了到国家金融战略的新高度。

第一，培育中国特色金融文化，是走中国特色金融发展之路的必然选择。

中国特色金融发展之路是未来中国金融发展的必出之路，是金融新发展阶段我国金融发展的总路线。那么如何体现"中国特色"？如何实现"中国特色"？在金融工作坚持"两个结合"的方针下，积极培育中国特色金融文化就成为必然

---

① 习近平.在文化传承发展座谈会上的讲话［J］.求是，2023（17）.

选择。

金融要承担新时期的重大战略任务，首先要解决道路问题。当下提出走中国特色金融发展之路，是历史发展的必然，也是基于新时代的紧迫形势需要。中国特色金融发展之路的思想，需要通过文化形式表达出来，标识出来，以便人们能清晰、系统理解这些思想。中国特色金融文化是思想、理念和价值观系统，能集中反映"中国特色"的基本内涵，具有引领道路的功能和作用。所以走中国特色金融发展之路，就必须树立文化旗帜来引领道路。

事实上，关于中国特色金融发展之路的所有思想表达，都已构成中国特色金融文化理念系统的基本内容。习近平总书记以"八个坚持"阐明了"中国特色金融发展之路"的基本要义。中国特色金融文化发展之路的基本立场、观点和方法，正汇聚在中国特色金融文化这面文化旗帜之上。所以，这"八个坚持"就是中国特色金融文化体系理念系统的基本内容。

同时，中国特色金融发展之路的思想及理念也需要通过文化建设形式传导下去。文化建设既是一个思想系统，也是一个实践系统。中国特色金融文化建设不仅能够集中反映"中国特色"的基本内涵，同时也能够通过行为规范和文化传播等实际行动，切实贯彻中国特色金融发展之路的思想和理念。

第二，培育中国特色金融文化，就是培育国家金融软实力，是推动金融高质量发展、建设金融强国的必然要求。

金融高质量发展是走中国特色金融发展之路的根本任务，金融强国是走中国特色金融发展之路的基本目标，金融高质量发展和金融强国的背后，是社会主义强国建设和民族复兴伟业的根本目标。而培育中国特色金融文化，能够强化我国的金融软实力，助力金融高质量发展和金融强国建设。

中国特色金融文化是金融高质量发展的表现和重要内容，没有中国特色金融文化，金融高质量发展体系是缺少支撑的。培育中国特色金融文化也是金融高质量发展的重要路径之一，要通过培育文化，为高质量发展提供精神指引。中央金融委员会办公室、中央金融工作委员会在《学习时报》发文将"以中国特色金融文化匡正行业风气"作为推动金融高质量发展的重要工作内容之一。文章认为，优秀的金融文化能够塑造金融机构和从业人员正确价值观，产生内在激励和约束作用，而腐朽的金融文化则放大人性投机、贪婪的弱点。推进金融高质量发展，不仅要加强金融基础设施等"硬实力"建设，也要提升价值观、行为规范等"软实力"。①

关于中国特色金融文化与金融高质量发展之间的关系，一个认识路径是文化动力理论。文化对经济和金融的影响，

---

① 中央金融委员会办公室，中央金融工作委员会.奋力开拓中国特色金融发展之路[N].学习时报，2024-04-03.

在经济学意义上可以从外部影响因素或内生要素等角度分析。在经济学界，关于文化的作用，存在一个悖论：似乎每个人都确信文化有作用，但似乎每个人都认为无法证实此事。虽然以往文化的动力作用研究总是难以形成严谨的理论体系，但仍对我们认识文化与经济的关系有极大的启示。

马克思主义文化观认为，文化作为社会政治的精神现象，其形成和发展归根结底是由社会经济基础所决定，并且与之相适应的。同时也要认识到，文化对经济基础也具有反作用。具体而言，是文化对物质生产具有能动性作用或驱动力作用，对经济发展具有驱动力作用。文化对金融发展也具有驱动力作用，这也是培育中国特色金融文化的重要意义之一。正如习近平总书记指出的，文化的力量"总是'润物细无声'地融入经济力量、政治力量、社会力量之中，成为经济发展的'助推器'、政治文明的'导航灯'、社会和谐的'黏合剂'"[①]。文化对金融的作用，可以从人文金融的视角来深入研究。良好的金融文化能够以驱动力或发展要素的形式推动金融的发展。文化的这种驱动力作用，也可称为文化动力作用。

关于文化的作用，在新古典经济学时期就开始进入西方经济学研究视野。马克斯·韦伯关于新教伦理和资本主义发展的研究，制度经济学家和新制度经济学家的关于制度与非

---

① 习近平.文化是灵魂［N］.浙江日报"之江新语"专栏，2005-08-12.

正式制度（道德、伦理、习俗等）的研究，都对文化的作用予以关注。国际上有很多学者研究文化促进人类进步或阻碍进步的作用，其中进步包括社会和经济层面的进步。四十年来，中国通过发展社会主义市场经济，创造了经济奇迹，中华文化在其中的作用不可忽视，甚至有可能是有别于"西式"逻辑的最重要解释变量。

企业的发展与文化影响力之间的关系，是文化作用观察的基本面。文化在管理学中的研究似乎更为成熟，因为大量企业的微观实践可以用来证明文化在企业发展中发挥了什么作用。很多管理学家都曾研究过文化对企业发展的作用，如早期的威廉·大内著的《Z理论：美国企业界怎样迎接日本的挑战》，特伦斯·迪尔和艾伦·肯尼迪合著的《企业文化：企业生活中的礼仪与仪式》以及吉尔特·霍夫斯泰德的著作《文化与组织：心理软件的力量》等，这些研究成果论证了在企业层面文化的力量。

在管理学研究中，国外一些学者使用了"文化力"这个概念。我国学者在企业管理和经济发展等不同范畴的研究中也使用"文化力"这个概念。"文化力"实际上指的就是文化作为外部影响因素或内生要素对特定群体（或经济体）的作用。文化在金融发展中与科技一样具有驱动力作用，文化与科技是金融发展动力结构的两翼，但在实践中，人们似乎更重视金融科技，较少将文化当作金融发展的驱动力来认真研究。

习近平总书记非常重视文化建设的作用。他指出，思想文化建设虽然决定于经济基础，但又对经济基础发生反作用。先进的思想文化一旦被群众掌握，就会转化为强大的物质力量。①这是对文化的驱动力作用的肯定，也是理解中国特色金融文化重要意义的底层逻辑。

第三，培育中国特色金融文化，能够助力建成文化强国和中国式现代化建设。

习近平总书记在文化传承发展座谈会上强调指出："在新的起点上继续推动文化繁荣、建设文化强国、建设中华民族现代文明，是我们在新时代新的文化使命。"②

金融也要担当文化使命。中国特色金融文化是中国特色社会主义文化的组成部分，积极培育中国特色金融文化是习近平文化思想在金融领域的具体实践。所以，培育中国特色金融文化，就是担当文化使命，能够为新时代中国特色社会主义文化建设作贡献。

党的十九届五中全会审议通过的《中共中央关于制定国民经济和社会发展第十四个五年规划和二〇三五年远景目标

---

① 新华网.习近平：在纪念马克思诞辰 200 周年大会上的讲话［EB/OL］.http：//www.xinhuanet.com/politics/leaders/2018–05/04/c_1122783997.htm#:~:text=%E5%9C%A8%E7%BA%AA%E5%BF%B5%E9%A9%AC%E5%85%8B%E6%80%9D%E8%AF%9E%E8%BE%B020，2018–05–04.

② 习近平.在文化传承发展座谈会上的讲话［J］.求是，2023（17）.

的建议》中明确提出到 2035 年"建成文化强国"的远景目标，对推进社会主义文化强国建设进行了战略部署。我们要建成的文化强国，是具有雄厚文化软实力的文化强国。金融为文化强国建设作贡献，除了通过文化金融为文化经济和文化产业繁荣发展提供高质量金融服务，还能够通过自身的文化建设，助力提升文化软实力，让中国特色金融文化成为新时代中国特色社会主义文化宝塔上一颗闪耀的明珠。

党的二十届三中全会指出："中国式现代化是物质文明和精神文明相协调的现代化。必须增强文化自信，发展社会主义先进文化，弘扬革命文化，传承中华优秀传统文化。"中国特色金融文化立足金融活动和金融行业，具有较强的辐射力和影响力，良好的金融文化将为促进物质文明和精神文明相协调的中国式现代化作出应有的贡献。

二、释义：文化、金融文化与中国特色金融文化

（一）理解文化与金融文化

理解金融文化，我们需要首先理解金融文化中的"文化"为何种文化。

中国古代的文化，一般是指以文教化，即以礼乐制度教化百姓。如《周易》有云，"观乎天文以察时变，观乎人文以化成天下"，又如，刘向《说苑》中说，"凡武之兴，为不

服也；文化不改，然后加诛"。中国近代从日本舶来与英文culture 对应的汉语词汇"文化"，含义与同是舶来的"文明"（civilization）大体相同。直至今天，人们在文明和文化之间的使用也常常不甚明确。

西方学界关于文化概念的解释，可追溯到拉丁文 cultura，本意为土地耕耘和作物培育，后引申到情操、德行的培育，再延伸至人们的思想、知识、艺术及一切生活方式。西方学界的文化研究比较丰富，很多人类学家、社会学家都对文化研究作出贡献，也出现了"文化学"这个独立的学科。西方研究界关于文化的定义千差万别，堪称学术"奇观"。19 世纪英国人类学家爱德华·泰勒在《原始文化》（1871）中关于文化"是一个复合体"的定义被广为接受："文化或文明，就其广泛的民族学意义来说，是包括知识、信仰、艺术、道德、法律、风俗以及作为社会成员的人所掌握和接受的任何其他的才能和习惯的复合体。"① 在泰勒的这个定义里，文化和文明是不分的，而且侧重精神文化。泰勒是早期文化进化学派的代表，这个学派的代表人物还有斯宾塞、摩尔根等。梁漱溟认为"文化是一个民族生活的种种方面"，包括精神生活方面、社会生活方面和物质生活方面。

关于文化的研究纷繁复杂，对文化内涵的认识也各有不

---

① ［英］爱德华·泰勒.原始文化［M］.连树声，译.上海：上海文艺出版社，1992.

同，在中外都是如此。总体上看，广义的文化可以扩展到所有人类文明成果，包括物质和精神的，文化的范畴可分为物质文化和精神文化两个大的层面，这就是文化研究中常用的"两分法"。根据《辞海》的定义，狭义的文化特指精神文化，是在社会生产生活中形成的人们的各种意识形态的集合以及由此形成的制度及组织形态[①]。在实际生活中，文化在不同场合指向不同的范畴，如文化经济和文化产业的"文化"指文化生产活动及其成果。

无所不包的文化界定无助于我们讨论问题，正如文化经济学家思罗斯比认为的，需要一个"有助于分析和操作的"的定义。他认为"文化"第一重含义是"一整套为某一群体所共享的态度、信仰、传统、习俗、价值观和惯例"，可以用来确立"群体的独特身份"[②]。这一重含义的文化解释，是狭义的文化，即精神文化。

"某一群体的独特身份"这一角度，有助于我们更好地理解金融文化。因为金融文化就是与金融活动相关的群体或金融行业群体所拥有的一种文化，这是一种亚文化，这种文化使某一群体有别于其他群体，包括金融相关群体区别于非金融群体，此金融群体区别于彼金融群体。那么，借鉴《辞海》

---

① 辞海［M］.上海：上海辞书出版社，1980.

② ［澳］戴维·思罗斯比.经济学与文化［M］.王志标，张峥嵘，译.北京：中国人民大学出版社，2011.

关于狭义文化的定义，我们将金融文化定义为：与金融活动相关的群体或金融行业群体所共有的意识形态的集合，以及由此形成的制度及组织形态。

金融文化是一种客观存在，只要有金融活动就有金融文化。金融是经济交易活动，决定经济交易活动的不仅是其中包含的物质价值，还有其他非物质价值，这种非物质价值是内生的，是伦理道德和文化因素构成的。

在经济与金融发展理论中，金融文化这个概念反映的是金融与文化之间的一种关系，即文化对金融的作用。文化对金融的作用会有正反两个方向，一个是正的方向，是推动作用；另一个是反的方向，是阻碍作用。研究金融文化，正要研究文化的这种作用的机理，因何发生作用、如何发生作用。

（二）如何界定中国特色金融文化？

前文已述，虽然金融文化也可做物质文化和精神文化之分，但在中国特色金融文化这个命题下，我们将金融文化界定为主要指精神文化，物质或物态的部分只在必要时作为辅助内容。这时，精神文化是广义的意识形态集合以及由此形成的制度及组织形态，对应的领域只有物质文化，即除了物质文化之外的都是精神文化。

组织文化研究者因为战略操作的便利性需要，常常又将文化分为物质文化、精神文化和制度文化三个层面，或物质文化、精神文化、制度文化和行为文化四个层面，即文化的三分法和四分法。这时精神文化的范畴缩小了，而制度文化、行为文化被分离出来。

为了分析的可操作性，我们需要确定一个前提（假设）：文化在它的范围内有很强的功能，即文化对经济和金融的确发挥着作用（正面或负面的）。在此前提下，我们将基于以下事项考虑如何界定"中国特色金融文化命题下的文化"：一是文化是一个体系，可分层或分类，有要素、有单元，与外部环境有相对清晰的边界；二是文化可管理可规划，可自主构建话语方式，能够在特定战略下通过组织进行规范、推广。

这时，中国特色金融文化命题下的金融文化，应是一个可管理可规划的文化体系。文化体系可看作一种基于结构主义和整体论的模式认知。借鉴组织文化和文化体系研究的成果，我们可以将中国特色金融文化体系分为两大层面：

一是理念层。这个层面反映四分法下狭义的精神文化。这里要引入"理念"这个非常重要的概念。在文化体系中，理念是与哲学意义上的"思想"相关的一系列范畴，包括信仰、使命、愿景、观念、伦理和价值观等。其中，伦理是关注人或组织行为的道德评价，是以"良知"对行为进行的价值判断。金融伦理学讨论的问题，已经引起很多人关注。而价值观应是更宽泛一点的范畴，是对人和事物所有客体的价值评价和判断，不仅有伦理道德意义的评价，也有法律、社会意义的价值评价。价值观是核心理念，是可折射其他文化范畴的核心概念，因而价值观在文化体系中具有核心地位。所以，在文化层面的讨论，往往最终都会聚焦在价值观上。价值观有时也被称为"价值理念"或"文化价值观"。

二是行为规范层。这个层面反映制度文化和行为文化。行为规范是价值观在行为系统的映照，是所有相关成员参与金融活动所遵循的规则和准则，是所有成员普遍接受的具有一般约束力的行为标准。行为规范包括反映人类精神文化的制度和法律层面，以及其他各类行为规范。法律层面的行为规范是特殊的行为规范，是文化意义的行为规范的基础。行为规范要规范的是特定群体的工作行为、经营行为、职业道德、社会公德、礼仪礼制等。从行为规范制定主体看，主要有三个层面的行为规范，即政府部门（广义的政府）进行的相关制度设计，行业自律组织制定的行业自律规范，以及金融企业制定的行为规范。在中国特色金融文化体系中，这应是三位一体的行为规范系统。

（三）三层面认识中国特色金融文化

我国研究者在改革开放之后就关注了金融文化问题，并形成了关于金融文化含义和范畴的多种观点。一些研究者认为金融文化是金融部门也就是金融行业文化，如者贵昌（1989）认为金融文化是一个金融部门在长期发展过程中，逐步形成和确立的、为全体职工所拥有的非物质特征的总和[①]。更多的研究者从企业文化视角研究了金融文化，如王春光（1996）认为，金融文化与其他企业文化一样，它是一种微观形态的企业精神，是价值观念、心理态势、传统习惯等观念形态；也可概括为金融企业以物质为载体的各种精神现象[②]。也有研究者从金融活动视角认识金融文化，如范恒森（2000）将金融文化定义为在金融实践中形成的，并对一个国家货币政策、金融组织的经营管理活动产生持久影响的思想文化[③]。刘敏英（2011）将金融文化分为金融体制文化、金融管理文化和金融经营文化，其中金融管理文化又分为金融宏观调控文化、金融监管文化和廉政文化[④]。

结合以往的研究观点，我们可以提炼出三个层面的金融文化，即按参与主体和范围不同的视角将金融文化分为国家金融文化、金融行业文化和金融企业文化。

国家金融文化是以国家金融发展战略为背景、由国家权力推动的文化形态和文化制度，体现了国家意志和政府意志。国家金融文化不限于金融行业，参与主体是全社会范围内所有参与金融活动的组织和个人。国家金融文化最主要的组成

---

① 者贵昌.试论我国的金融文化［J］.上海金融，1989（09）.
② 王春光.试论市场经济条件下金融文化的基本功能，［J］.海南金融，1996（05）.
③ 范恒森.金融制度学探索［M］.北京：中国金融出版社，2000.
④ 刘敏英.我国金融文化建设浅析［J］.内蒙古金融研究，2011（11）.

部分是国家金融治理文化，是一个国家或政府通过制度设计和金融监管体现的文化，如我国政府主导的稳健审慎的监管文化；还有一个重要组成部分是国家推动的适用于全社会的金融运营文化，如国家相关部门推动的金融诚信文化等。这部分会通过行业自律组织和金融机构的执行系统体现在行业文化和企业文化当中。

金融行业文化是金融行业内形成的普遍存在的文化形态。金融行业文化是国家金融文化总体格局的行业表现，推动者主要是行业组织和具有行业影响力的金融机构，约束或影响的是行业内部从业人员。金融行业内部还分为不同的子行业，其行业文化具有一定的特点，如银行业与保险业的行业文化就可能在理念和行为规范等方面有所不同，所以金融行业文化还可分为银行行业文化、保险行业文化、证券行业文化（投资银行行业文化）、私募基金行业文化、信托行业文化、期货行业文化等。

金融企业文化是一种组织文化，是特定金融企业（或称金融机构）内部形成的文化形态。金融企业文化与国家金融文化、金融行业文化有密切的关系，金融企业文化常常是金融行业文化的微观反映。但金融企业文化有更多的"个性"。任何一个企业，无论大小，都有自己的文化，有自身的自觉或自发形成的价值观。企业文化和组织文化研究是这三类文化研究最为丰富的，基于企业管理和战略的需要，企业文化研究受到企业界广泛重视。企业文化研究在理论体系上也比较成熟，为我们研究中国特色金融文化提供了非常好的借鉴。

我们在讨论中国特色金融文化时，应以国家金融文化为战略高度，以金融行业文化为主干，以微观金融企业个体的文化建设为基础，从多层面认识中国特色金融文化。

首先，应站在国家金融战略高度上。因为中国特色金融文化命题本身具有新发展阶段的时代性和战略性。中国特色金融文化，不是简单的行业文化，而是一种国家金融文化，不仅要在主体上适用于金融监管部门、行业自律组织、所有金融机构及其所有从业人员，同时也适用于所有与金融活动相关的行业外的组织和个人。在国家金融战略高度上，培育中国特色金融文化，要聚焦金融文化的意识形态属性，要聚焦价值观竞争力，要聚焦金融治理文化和全社会金融经营文化重塑。

其次，要以金融行业文化为主干。国家金融文化的文化主体在行业，所以行业文化是国家金融文化的主干。国家金融文化的具体实现需要依靠行业文化来体现，也需要通过行业组织来实施，所以，中国特色金融文化也是一种特殊的金融行业文化。我们在分析金融文化体系要素（理念、价值观、行为规范等）、实现路径等问题时，必须将行业文化作为主干部分。

最后，要以金融企业文化为基础。国家金融文化和金融行业文化，都需要最终"落子"于微观和企业，金融机构（金融企业）的文化建设更加丰富，更加细腻，更接近基层和人民群众。金融企业文化是看得见的国家金融文化，是金融行业文化的微观单元，所以我们认识和分析要以更微观的金融企业文化建设问题为基础。

三、特色之辨：文化差异、文化源流与现实影响因素

（一）哪些因素形成了金融文化差异

中国特色金融文化的关键点是"特色"。那么"特色"是如何形成的？

文化特色首先表现为一种文化差异。很多因素会造成金融文化差异，如宗教、哲学、种族、民族、地缘、历史、经济、法律、政治体制等。

例如，宗教的影响。受宗教影响最大的应是伊斯兰金融。伊斯兰金融的银行体系主要由伊斯兰银行和世俗阿拉伯银行两部分组成。伊斯兰银行遵循《古兰经》和《圣训》，在经营理念上是禁止收取利息的。伊斯兰金融强调公平、正义、和谐，提倡避免风险、共担风险。基督教在发展早期也曾对利息禁止，遵循圣经"不可取利"的理念，直到16世纪基督教宗教革命后，这种观念才得以改变，有关利息是不道德的认识才逐渐被放弃。基督教文化对资本主义、市场经济和近现

代金融的影响是极其深刻的。马克斯·韦伯在《新教伦理与资本主义精神》中研究了宗教改革后文化和经济发展的关系，认为加尔文宗教改革后形成的新教伦理，包括"天职"观念和"禁欲主义"，对资本主义的兴起和发展起到了关键作用。新教伦理为资本主义的发展提供价值观上的支撑，自我约束、节俭、勤奋等品质成为资本主义精神的重要组成部分。加尔文宗教改革之后，利息和"用钱赚钱"才变得正当，荷兰、英国、德国等国家信奉新教，加尔文的新教商业伦理取得合法性，现代金融开始兴起。在基督教人神立约传承与资本主义启蒙契约理论的支撑下，欧美商业和金融体系注重契约精神、尊重规则。

又如，地缘的影响。在文化研究中地缘因素与"文化圈"和"文化层"的形成关系密切。在我国大陆地区，基于高原草原、低地平原自然地理环境差异性常形成游牧文化和农耕文化，两者有较明显的文化差异，但也通过融合形成"大陆文化"。欧洲海洋文化的形成与地理环境有较大关系，文化特点是冒险、崇尚英雄、征服、掠夺。海洋文化中更典型的是"海盗文化"，北欧的沿海地理环境和气候为中世纪北欧海盗现象和"海盗文化"的形成提供了土壤。日本的"岛国文化"与其独特的海岛环境有很大关系，在这样的环境中形成了爱学习、善借鉴的文化，有危机感，有较强的家庭意识，企业经营有家庭化特征。这些由于地缘和地理环境形成的文化传统，对该地域商业文化、金融文化都有很深的影响。

当然，每种文化都不是单一因素形成的，而是综合因素作用的结果。现代金融起源于欧洲，荷兰、英国以及美国先后成为世界金融中心。尤其是二战之后的美国金融文化影响了全球，华尔街成为现代金融的代名词。欧美金融文化是在基督教宗教改革、发现新大陆和殖民扩张的历史、文艺复兴与启蒙运动、两次技术革命以及迅速发展的资本主义经济等综合因素影响下形成的，并形成了世界影响力。

近代欧美金融发展受西方自由主义和人文主义思想影响较大，强调个人价值、个人成就和英雄主义，尊重人的选择。欧洲功利主义哲学追求"最大幸福"，以实际功效或利益作为道德伦理标准，在国际间奉行"只有永远的利益"准则，在经济与金融经营中形成以利润为中心的激励机制和追求效率的经营文化。美国金融文化受美国实用主义哲学影响较大。美国实用主义哲学产生于 19 世纪 70 年代，主张关注行动的实际效果，而不是仅仅追求理论上的正确性，强调"有用即是真理"。实用主义强调行动、效果、创新、冒险，对正处于上升期、争夺霸权中的美国有很强的刺激作用。实用主义曾几乎成为美国的半官方哲学，对经济、金融界的影响也极大，这种文化直至今天仍有广泛的市场。

20 世纪 70 年代以来，新自由主义的兴起对欧美金融业价值观念产生重大影响。新自由主义反对凯恩斯主义和政府干预，强调市场作用，主张自由放任的政策，这一度成为撒切尔夫人时代和里根时代的"国策"，英美也确实呈现了经济繁荣景象。20世纪90年代后，美国为首的国际金融资本热衷于向全世界推广新自由主义及"华盛顿共识"[①]，提倡发展中国家实行金融自由化（金融深化）。通过新自由主义，美国成功控制了许多发展中国家的经济和金融，建立了以美国为中心的食利者经济。新自由主义主张看似有其合理性，但过度的自由化对发展中国家的危害也是显而易见的，而且对西方发达国家也进行了"反噬"。

西方经济学、管理学和战略学对西方金融市场和金融机构的经营文化也有很大影响，如西方创新经济学对金融创新的推动、管理学以客户为中心的营销思想等。

（二）三个文化源流与文化基因

当下我国金融文化的现实状态，具有浓厚的工业时代色彩。但是金融文化的形成，不是一朝一夕，也不是由单一因素造成的。

我国金融文化的演化和演进，受到多种因素的影响，包括各种文化形态的影响。要培育中国特色金融文化，可能要

---

① 1989年，美国国际经济研究所在华盛顿召开了一个研讨会。在这次会议上，国际货币基金组织、世界银行和美国政府提出了一套指导拉美经济改革的10项主张，即"华盛顿共识"。华盛顿共识的核心主张是减少政府干预，促进贸易和金融自由。

特别关注三个主要文化源流，即中华优秀传统文化、革命文化与红色文化，以及世界近现代经济思想与金融文化。在积极培育中国特色金融文化的命题下，这三者也将是三个影响最为直接的文化基因。（见图1-3）

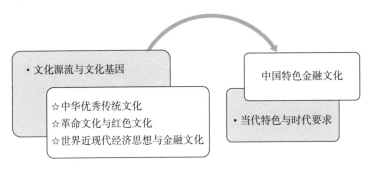

图1-3 中国特色金融文化的三个主要源流

作为我国金融文化的"母文化"的中华优秀传统文化，在古代时期经历了延绵不绝的文化传承和文化融合，这是我国金融文化形成如今状态的传统文化环境。在中华文明形成过程中，中国形成了自身的独特的文化。关于宇宙、天下、国家、社会、人生、道德、伦理、人才等方方面面，中国人都有着自己延绵传续的文化思想传统。而丰富的金融发展史，也孕育了具有金融特性的文化传统。中国古代金融是中国古代经济的缩影，有最早的货币理论，完整的财政与货币管理制度，出现了最早的纸币，典当业、钱庄、票号等金融机构形成了自己的经营文化和制度文化。中华优秀传统文化是中华文脉，不仅影响了古代以及近代金融业，对当代金融业仍有根本性的文化影响。在"两个结合"理论指导下，中华优秀传统文化之光将在中国特色金融文化培育中绽放灯塔式的光芒。

我国新民主主义革命时期形成了革命文化与红色文化，红色文化是革命文化的主体。我党积极开展红色金融事业，孕育了红色金融文化，这是马克思主义与中国实际相结合创造的特殊的金融文化。中国共产党人在新民主主义革命时期创造了红船精神、井冈山精神、长征精神、延安精神、红岩精神、西柏坡精神，这些精神成为革命文化与红色文化的灵魂。红色金融文化是以人民为中心的金融文化，是以发展生产和经济为宗旨的金融文化，是重视诚信价值观和共产党人信誉的金融文化，是充满艰苦奋斗精神的金融文化。革命文化和红色文化是社会主义先进文化的前奏，是我国进入社会主义建设时期后金融文化建设的重要基础，也是培育中国特色金融文化的重要思想源泉。

我国金融文化的演进与世界近现代经济思想与金融文化有着极为密切的关系。进入近现代以来，世界其他国家，尤其是西方发达国家的经济思想和金融文化进入中国。清末民初和改革开放之后是世界近现代经济思想和金融文化对我国影响较大的两个历史时期。尤其是改革开放以来，中国人以中华文化特有的包容性和融合性，通过借鉴与吸收，将之融入中国金融文化体系，促进了我国金融的现代化转型。西方经济思想和金融文化中有许多先进的理念、观念，我们可称之为"世界近现代经济思想与金融文化"，已经成为我国金融行业文化的重要组成部分，如法治精神、契约精神、创新精神、专业精神等。其未来仍是培育中国特色金融文化的重要辅助和补充。

培育中国特色金融文化，应平衡三个文化基因的关系。当前的现实是，中国特色金融文化的第一短板是中华优秀传统文化，第二短板是革命文化与红色文化。中华优秀传统文化是中国特色金融文化的文脉，革命文化与红色文化是中国特色金融文化的文化基石，这两点是我们保持文化自信的文化后盾。世界近现代经济思想与金融文化在改革开放以来对我国金融影响较深，在表征上更为明显，有些地方"物极必反"。这是改革开放四十多年来形成的客观事实，也是为什么我们在培育中国特色金融文化时更多强调"第二结合"的原因。

（三）中国特色金融文化的现实影响因素

培育中国特色金融文化，要关注历史文化因素，也要关注现实因素。从当下看，中国特色金融文化的现实影响因素主要还有：

一是国家战略与政策实施程度。中国特色金融文化是以国家金融文化为战略高度，以行业层面（体系层面）的金融文化为主要视角的文化形态，包含了金融企业文化建设的部分。中国特色金融文化是金融发展道路的文化旗帜，具有国家金融战略重要性，这决定了需要在战略层面不断整合、统筹和推动。从当下的形势看，培育中国特色金融文化，是在现有金融文化状态上的跃升，要有本质上的改变，困难和障碍会非常多，所以能否持久有效实施战略意图成为关键影响因素。

二是社会文明的发展程度。文化是一个生态系统，中国特色金融文化是一个子系统，它的水平受制于全社会的文化和文明发展程度。党的二十大报告把"提高全社会文明程度"作为"推进文化自信自强，铸就社会主义文化新辉煌"的重要内容，可见社会文明程度对文化建设的重要性。社会文明是培育中国特色金融文化的社会土壤。这个土壤包括全社会道德水平，法治环境和治理水平，可持续发展文化，文化的包容性和社会性反思能力，等等，这些都是影响中国特色金融文化形成的重要因素。一些文化倾向可能影响中国特色金融文化的良性发展，如盲目否定文化传统的文化虚无主义，一味排外的文化守旧思想等。

三是经济发展水平。文化是上层建筑，经济基础决定了文化发展水平。按照我国金融强国建设的战略目标设计，中国特色金融文化不仅需要成为中国特色，还要为世界所认可。能否为世界所认可，很大程度上取决于我国经济发展的水平。

实践和经验证明，没有强大经济实力的国家，该国文化在国际交流中也没有地位，这对金融文化也同样适用。我国目前是第二大经济强国，在国际上的经济格局中具有举足轻重的地位。总体上看我国文化的国际地位与我国的经济地位是不匹配的，似乎经济发展水平的条件已经具备，问题还在文化本身。但这要从两方面看：首先，一国经济发展水平不只是看 GDP 总量，还要看质量，我国在这个方面还有很大差距。其次再看文化的自身作为，我国文化的国际地位的上升空间较大，但困难也很多。

四是经济与金融的开放程度。封闭的经济与金融发展系统，不会产生具有世界影响力的文化，反而可能会导致文化的退化。我国坚持高水平对外开放，在金融领域，党的二十大报告也指出："推动金融高水平开放，稳慎扎实推进人民币国际化，发展人民币离岸市场。"推动金融的高水平开放将为金融发展和金融文化交流提供良好的空间。如何开放、如何利用开放，决定了我们能否继续借鉴和吸收世界的优秀的思想和文化，能否在世界舞台上展现中国特色金融文化的魅力。

四、体系结构：思想指引、基石理念、价值观及行为规范

中国特色金融文化既是一种正在形成的文化形态，也是

一种符合中国特色金融发展道路的理想形态。要实现这个理想状态，就要对金融文化现状进行反思，要对金融文化进行新的体系构建。中国特色金融文化作为一种"文化"，既是中国特色社会主义文化体系的一部分，其本身也是一个体系。

我们将中国特色金融文化体系简化为一个"1353"结构，即一个思想指引，三大基石理念①，"五要五不"价值观架构以及三层面行为规范。（见图1-4）

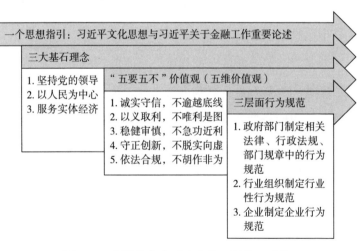

图1-4　中国特色金融文化体系结构示意图

这个体系结构，是基于中国特色社会主义文化建设和国

---

① 作者金巍发表在《金融时报》理论版（2024年7月29日）的文章《中国特色金融文化的意义、影响因素及体系构建》中称之为"理念基石"，因可能有"是理念的基石而非理念本身"的语义误解，在本书中改为"基石理念"，明确为"在理念系统中具有基石作用的理念"。

家金融战略背景，结合中国特色金融发展之路基本内涵搭建的，其中"五要五不"价值观是承上启下的中轴。下面分别解析这个体系结构的各个组成部分。

（一）一个思想指引：习近平文化思想与习近平关于金融工作重要论述

自中国共产党诞生以来，指导我们行动的指导思想一直在不断丰富、不断迭代。马克思列宁主义、毛泽东思想、邓小平理论、"三个代表"重要思想、科学发展观、习近平新时代中国特色社会主义思想是我们所有事业与活动开展的指导思想。其中，习近平新时代中国特色社会主义思想是对马克思列宁主义、毛泽东思想、邓小平理论、"三个代表"重要思想、科学发展观的继承和发展，是全党全国人民为实现中华民族伟大复兴而奋斗的根本遵循和行动指南。

具体到培育中国特色金融文化这一领域，我们还需在习近平新时代中国特色社会主义思想中找到具有直接指导作用的思想指引。中国特色金融文化涉及文化和金融两个范畴，综合这两个方面，培育中国特色金融文化的思想指引需来自习近平新时代中国特色社会主义思想的文化篇和金融篇两个部分。

习近平新时代中国特色社会主义思想的文化篇是习近平文化思想，金融篇是习近平关于金融工作重要论述。所以，两者共同构成中国特色金融文化体系的思想指引。在中国特色金融文化理念层面，这两个部分是一个统一的整体。

中国特色金融文化是中国特色社会主义文化的组成部分，这决定了中国特色社会主义文化建设的思想指引——习近平文化思想也是中国特色金融文化体系的思想指引。习近平文化思想是在马克思主义文化理论基础上、在中国特色社会主义文化建设实践中形成的理论总结，是习近平新时代中国特色社会主义思想的文化篇。习近平文化思想既有文化理论观点上的创新和突破，又有文化工作布局上的部署要求，明体达用、体用贯通，是我国社会主义文化建设的理论指针。

习近平文化思想不仅是文化行业和文化系统工作的指导思想，同时也是全社会所有领域开展文化活动的指导思想。习近平文化思想中的许多创新观点能够直接指导金融文化建设。例如，坚持文化领导权，在金融领域就是要坚持党在金融文化建设中的领导，中国特色金融文化培育是坚持党的文化领导权的具体体现；坚定文化自信，就是要对中国特色金融发展之路有信心，要坚持走自己的道路，要实现金融文化的独立自主。培育和践行社会主义核心价值观，在金融领域就要将金融文化价值观建立在社会主义核心价值观基础上；坚持以人民为中心的工作导向，在培育中国特色金融文化中要将人民放在发展思想和理念塑造的核心；坚持促进文明交流互鉴，在金融领域就要坚持改革开放，坚持在金融文化建设中学习世界先进经验，坚守共同价值理念。

特别需要重视的是，如何贯彻习近平文化思想中"把马克思主义基本原理同中国具体实际、同中华优秀传统文化相结合"的理论。在金融领域，贯彻"两个结合"就是要坚持把马克思主义金融理论同当代中国具体实际相结合、同中华优秀传统文化相结合，这是党的十八大以来领导金融工作取得的重要实践成果和理论成果之一。其中"第二个结合"既要重视马克思主义金融理论，又要重视结合中华优秀传统文化，聚焦中国发展道路的原动力问题，这是文化自信和文化自觉的必然选择，是中国特色金融文化建设的重要理论依据。

中国特色金融文化既是中国特色社会主义文化的组成部分，更是具有金融行业特征的文化体系，所以习近平关于金融工作重要论述对中国特色金融文化培育同样具有思想指引作用。

习近平关于金融工作重要论述是习近平经济思想的重要组成部分，是在马克思主义政治经济学理论和金融理论基础上的理论升华，范围涉及金融发展的多个重要领域，内容涵盖金融战略问题、金融发展问题、金融创新问题、金融风险问题、金融文化问题等。其中，习近平总书记关于中国特色金融发展之路的论述和观点，是习近平关于金融工作重要论述的核心部分。习近平总书记关于金融工作的重要理论创新，既有对金融发展的本质和规律的总结，也有对金融实际工作的路径分析，对中国特色金融文化培育工作具有非常重要的指导作用。

习近平关于金融工作重要论述是习近平新时代中国特色社会主义思想的金融篇，中国特色金融发展之路的理论观点是习近平关于金融工作重要论述的核心部分，也是中国特色金融文化体系的核心理念。所以，习近平关于金融工作重要论述所蕴含的理论观点，是指导中国特色金融文化培育的思想指引，与习近平新时代中国特色社会主义思想的文化篇——习近平文化思想共同构成中国特色金融文化的思想指引。

（二）三大基石理念：基于中国特色金融发展之路的思想表达

文化体系的第一要素是理念。我们熟知的概念有"新发展理念""执政理念""人类命运共同体理念"等。

文化体系的理念是与哲学社会学意义的"思想"这一概念相近的范畴，所以，理念就是一个文化体系的思想基础。广义上，我们可以将包括对信仰、使命、愿景、伦理和价值观等方面的思想表达统称为理念。但有时信仰、使命、愿景、伦理和价值观这些概念也可能被单独讨论，尤其是价值观。

中国特色金融文化体系中的理念，是一系列关于金融发展的思想表达。中国特色金融文化是中国特色金融发展之路的文化旗帜，两者是共生的概念，关于"道路"的思想即为文化的理念。所以分析中国特色金融文化的理念是什么，首先就要看关于中国特色金融发展之路这个命题所表达的思想内容是什么。

习近平总书记将关于中国特色金融发展之路的基本立场阐述为"八个坚持"，即坚持党中央对金融工作的集中统一领导，坚持以人民为中心的价值取向，坚持把金融服务实体经济作为根本宗旨，坚持把防控风险作为金融工作的永恒主题，坚持在市场化法治化轨道上推进金融创新发展，坚持深化金融供给侧结构性改革，坚持统筹金融开放和安全，坚持稳中求进工作总基调。这"八个坚持"不仅是中国特色金融之路的基本要义，也是习近平关于金融工作重要论述的核心部分。这"八个坚持"是管总体、管方向、管根本的，明确了金融工作怎么看、怎么干，既有世界观又有方法论，构成了一个辩证统一的有机整体，必须长期坚持。①

"八个坚持"是对我国金融发展特殊性和规律性相结合的原创性认识，也是对中国金融发展方向的理念要求。所以，"八个坚持"构成了关于中国特色金融发展之路的理念系统。

其中前三个"坚持"是中国特色金融发展之路的世界观，反映了中国特色金融发展之路的本质属性，所以是中国特色金融文化理念系统具有基石作用的三大理念。结合在其他层

---

① 中央金融委员会办公室，中央金融工作委员会.坚定不移走中国特色金融发展之路［J］.求是，2023（23）.

面、其他领域的相似表述，我们将这三个"坚持"的理念提炼为三组关键词：坚持党的领导、以人民为中心、服务实体经济。这三个理念是我国金融文化最具中国特色的部分。后五个"坚持"体现了合规、法治、创新、统筹、审慎等价值观，更具金融行业特点，主要反映中国特色金融发展之路的路径、方法和模式，也都是中国特色金融文化理念系统的主要内容。

综上，这个理念系统就包含了三大基石理念，一个工作主线（金融供给侧结构性改革），两个工作路径（防控风险与推进创新），以及两个关系（开放与安全，稳与进）。（见图1–5）

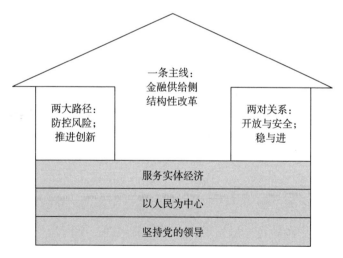

图 1–5　中国特色金融发展之路"八个坚持"理念示意图

坚持党的领导，就是维护金融工作的政治性。坚持党的领导，就是坚持党中央对金融工作的集中统一领导，这是中国特色金融文化体系的首要理念。习近平总书记指出："中国特色社会主义最本质的特征是中国共产党领导，中国特色社会主义制度的最大优势是中国共产党领导。坚持和完善党的领导，是党和国家的根本所在、命脉所在，是全国各族人民的利益所在、幸福所在。"[①] 在金融发展中，同样要坚持党的领导。"坚持党中央对金融工作的集中统一领导"是中国特色金融发展之路"八个坚持"之首。中国共产党以建设社会主义为发展道路。党的性质宗旨、初心使命、信仰信念、政策主张决定了中国特色金融发展之路是社会主义金融发展道路，建设的是社会主义金融强国，坚持党的领导方能保持这种性质。历史经验证明，党在新民主主义革命时期对金融工作的领导铸造了红色金融的根基，在改革开放历程中克服了巨大的困难，保证了金融发展的正确方向。在新发展阶段，国际国内形势日趋复杂，情况瞬息万变，没有党的坚强领导，金融发展之路可能走向相反的方向。所以，坚持党的领导是我国金融工作的根本政治保障，也是中国特色金融文化体系的首要理念。

以人民为中心，就是维护金融工作的人民性。以人民为中心是中国特色金融文化的信仰表达，是走中国特色金融发展之路的出发点和落脚点。在我们的价值观体系当中，从国

---

① 习近平.在庆祝中国共产党成立95周年大会上的讲话 [M].北京：人民出版社，2016.

家、社会、组织、个人各个层面讲价值观，根本在于人，人民才是一切的根本。中国特色社会主义是人民的社会主义，不是少数人的主义。党的二十大报告指出，我国金融事业要始终坚持以人民为中心的发展思想，更好满足人民群众和实体经济多样化的金融需求。发展金融，应聚焦"三农"、中小微企业和个体工商户，应聚焦大众创新创业、贫困学生就学、老年人康养、新市民生活等需求场景和重点人群，应清楚地了解人民群众对金融有哪些生活需求和生产需求。应转变为以融资为中心的思维，以人民群众投资、理财需求为中心提供金融服务，切实增加人民群众的财产性收入。

服务实体经济是金融的天职和宗旨。一个文化体系，要清晰表达自己的使命，而服务实体经济是基于金融本身特点的使命表达。经济是肌体，金融是血脉，没有经济就没有金融。服务实体经济是金融的天职和宗旨，是我国金融改革的三大重要任务之一。金融具有商业属性，但获利的基础是服务实体经济，要在实体经济与金融发展之间实现良性循环。从西方金融发展史来看，脱离实体经济的金融发展模式常常导致经济危机和财富分配失衡加剧。服务实体经济要优化金融供给侧结构性改革，创新更多服务实体经济的金融产品和服务模式，要特别关注战略性新兴产业，关注培育新质生产力。

政治性、人民性体现了中国特色社会主义建设指导思想的一般性，而服务实体经济的天职和宗旨，体现了金融工作的特殊性，这三者共同构成中国特色金融文化体系的基石理念。

（三）"五要五不"价值观：一个新架构

价值观表达对是非的看法，表达对生产生活目标价值性的判断。价值观是基于人、事和行为，对各类事物"是否值得"作出的评价，人们根据这个判断和评价作出选择。不同的选择，反映人们不同的动机，反映不同的价值追求。

价值观在文化体系中具有承上启下的中轴地位。一方面，价值观是人或群体的信仰、使命、愿景等思想的反映，是世界观、人生观等的反映；另一方面，价值观对人们行为动机有导向作用，支配动机的方向、性质和强度，所以价值观是人进行规划及行动的指针，是开启实践的钥匙。

价值观涉及个人、群体和全社会等多个层面。个人价值观是自然人个体对事物的价值性判断，具有较大的差异性和隐蔽性。虽然个人价值观千差万别，但与群体价值观和社会价值观仍是有统一性的。企业价值观是典型的群体价值观。金融机构的文化建设中，价值观是最为重要的要素，如中国工商银行的价值观是"工于至诚，行以致远——诚信、人本、稳健、创新、卓越"，中国农业银行的核心价值观是"诚实、公正、稳健、创造"，中国人民保险集团股份有限公司的核心价值观是"守正、创新、专业、担当"。社会主义核心价值观是我国全社会共同价值观，倡导富强、民主、文明、和谐，倡导自由、平等、公正、法治，倡导爱国、敬业、诚信、友善，这是社会主义核心价值体系的内核，也是中国特色金融文化的价值观基础。

具体到金融文化价值观，中国特色金融文化的价值观要以习近平总书记提出的中国特色金融文化的五个方面重要内容来构建，即：诚实守信，不逾越底线；以义取利，不唯利是图；稳健审慎，不急功近利；守正创新，不脱实向虚；依法合规，不胡作非为。"五要五不"反映了我党关于金融发展的理念和对价值取向的基本要求，是中国特色金融文化的"内涵要义"，同时也是中国特色金融文化的"实践要求"，所以在中国特色金融文化体系中具有中轴地位。我们认为"五要五不"具有中国特色金融文化中的价值观特征，构成了中国特色金融文化价值观基本内容，也为新时期重塑金融价值观提供了新架构。（见图 1-6）

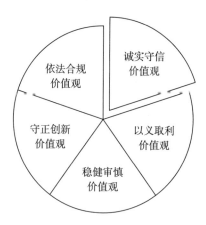

图 1-6 "五要五不"金融价值观新架构

我们将"五要五不"提炼为五个关键字，即信、义、慎、正、合。因为这五个方面从不同维度上构建了价值观，具有系统性，所以也可将此称为中国特色金融文化的"五维"价值观架构。

诚实守信，不逾越底线。这是中国特色金融文化的首要价值观和道德观，是底线价值观。"诚信者，天下之结也。"诚信是做人的底线，是做事成功的关键。诚信文化是中国传统文化的精髓，儒家、墨家、法家等思想都非常重视"信"。金融业的基础便是信用，我国古代金融行业依靠诚信文化来维系其运营，同时也建立了严格的信用管理制度。我党建立红色金融和社会主义金融事业，都非常重视诚信与信誉，留下很多佳话，如"铁算盘、铁账本、铁规章"的优良传统。契约精神与市场规则意识是现代金融业的基本操守，信守承诺也是从业者的基本信条。但不可忽视的是，当代金融业"逾越底线"的违纪违法现象也是非常严重的。中国特色金融文化的诚信价值观是底线价值观，要切实树立底线思维；中国特色金融文化的诚信价值观是有法治支撑的价值观，应坚持法治和德治相结合；中国特色金融文化的诚信价值观是金融本质的必然要求，应符合金融业务和金融特点；中国特色金融文化的诚信价值观是行业文化的基石，应积极发挥行业组织自律功能。

以义取利，不唯利是图。这体现了中国特色金融文化的义利观，这一价值观要求正确处理"义"和"利"之间的关系。中国传统文化中的义利观向来以义为先，义利兼顾，不否定利。"先义而后利者荣，先利而后义者辱"，是义利观上的荣辱观。我国金融文化的义利观，是由中国共产党和社会主义性质决定的，要求追求服务人民的大义，而不是只顾及个人和小集体的私利。但改革开放以来，很多机构的文化建设在义利之间摇摇摆摆。一段时间内单纯逐利倾向严重，唯利是图现象频发。西方金融危机的爆发，已经将西方金融业义利观的弊端暴露无遗，掠夺和高利润变得理所当然，教训深刻。培育中国特色金融文化的义利观要明确何为"义"，要体现社会主义性质和"人民性"，要体现金融的"政治性"，执行好国家政策。培育中国特色金融文化的义利观，要平衡金融的功能性和盈利性双重属性，履行社会责任，服务好经济发展、社会进步和生态文化建设。

稳健审慎，不急功近利。这是中国特色金融文化的经营观、业绩观和风险观。"慎终如始，则无败事。"中国人向来讲究平衡，不轻易冒险，这就是一种审慎文化，这种文化一度被认为是一种保守的文化。但从历史经验看，审慎是取得长期利益的更佳选择，急功近利反而会带来巨大的危害。在新时期经济发展和金融发展中，应处理好"稳"和"进"的关系，既不一味求稳，也不轻易冒进，将稳中求进作为体系运行的主流价值取向。中国特色金融文化的稳健审慎价值观是一种重要的风险观和系统运营原则，体现在各层面主体面对各自的风险所采取的态度；中国特色金融文化的稳健审慎价值观是金融行业的一种经营观、业绩观，金融机构不能贪图短期暴利，不能急躁冒进，不能超越承受能力而过度冒险；中国特色金融文化的稳健审慎价值观对投资者来说同样适用，以理性和审慎的原则进行资产配置和风险管理，应成为成熟投资者的标志。

守正创新，不脱实向虚。这是中国特色金融文化价值观的创新观，是一种以守正为基础，以创新为精神的价值观。中华民族是守正创新的民族。中国传统文化的"正"，是正义、公平和集体利益。我国古代商业经营之道，既强调用智，也强调用仁，主流价值观仍是以守正为原则，不投机取巧。我国近年来出现的虚拟经济泡沫，脱实向虚，严重脱离了正道。中国特色金融文化的守正创新价值观，是以人民为中心、服务实体经济为守正标准的价值观，要坚决反对危害人民的利益和消费者利益，要坚决反对和遏制"脱实向虚"；中国特色金融文化的守正创新价值观是以市场化法治化保障创新的价值观，要鼓励创新，但要警惕金融创新活动中的"伪创新"和"乱创新"。

依法合规，不胡作非为。这是中国特色金融文化的治理观，是金融行业的运营观、经营观和法治观。我国有着悠久的"中华传统优秀法律文化"，中华商业文化和金融文化有悠久的法治传统。我国金融体系立法工作、合规管理法规建设等方面取得了较大的进步，金融机构的合规文化、内控文化以及清廉金融文化建设，都是依法合规文化价值观的重要体现。但近年来我国金融机构钻法规和制度空子、规避监管来逐利，撞红线、冲底线的现象非常严重，贪腐大案频发，清廉金融文化建设面临严峻挑战。重塑中国特色金融文化的依法合规价值观，要认识到中国特色金融文化的依法合规价值观是将中华传统优秀法律文化与现代金融实践相结合的价值观，是依法治理与金融机构合规管理相统一的价值观，是法治和德治相结合的治理观，是依法合规与促进发展相协调的治理观，是金融机构、监管部门和社会各界协同协作的共治观。

（四）三层面行为规范：政府、行业与企业

行为规范指向实际行动，文化价值观在行为规范中迸发能量。培育中国特色金融文化，是新时期对我国金融发展的新要求，要赋予超越以往的理念内涵和价值观体系，同时还需要能带来实效的行为规范。

金融文化体系中的行为规范，是价值观在行为系统的映照，是所有参与金融活动的成员所遵循的规则和准则，是所有成员普遍接受的具有一般约束力的行为标准。这些行为规范既包括行为规则、道德规范、礼制规范等软约束力规范，还包括法律、行政法规、规章、团体章程、行业自律准则、金融业务标准和业务流程等硬约束力规范。

行为规范是金融文化体系中的重要内容，培育中国特色金融文化，要将理念及价值观贯彻于行为规范当中。按照行为规范制定主体不同划分，主要有政府层面、行业层面和企业层面的行为规范。

政府部门通过制定不同形式的行为规范约束全体公民的行为。这里的政府是广义政府，包括立法、司法、行政等所有国家机关。政府部门制定的行为规范，主要是立法部门和行政部门出台的相关法律、法规、规划、计划等文件。法律法规（宪法、法律、行政法律、地方性规定和规章等）是特殊的行为规范，是制度文化。法律法规不属于文化范畴的行为规范，却是文化范畴行为规范最后的"防线"。

我国金融业相关法律对从业人员行为都提出了约束要求，如《中华人民共和国商业银行法》《中华人民共和国保险法》《中华人民共和国证券法》《中华人民共和国反洗钱法》等。政府部门出台的部门规章（"规定"和"办法"）及规范性文件，如中国证监会 2009 年修订发布的《中国证监会工作人员行为准则》，中国保监会 2009 年发布的《保险监管人员行为准则》和《保险从业人员行为准则》，2018 年银保监会发布的《保险经纪人监管规定》等，直接规定了金融从业者的行为规范。政府部门出台相关政策性文件也有涉及行为规范的内容，如中国保监会印发的《关于加强保险行业文化建设的意见》《中国银保监会办公厅关于预防银行业保险业从业人员金融违法犯罪的指导意见》等。

习近平总书记在中央金融工作会议上指出："要及时推进金融重点领域和新兴领域立法，建立定期修法制度，不断适应金融发展实践需要。法制的生命力在于执行，要加大金融法制执行力度，对各类违法违规行为零容忍。"[①] 在培育中国特色金融文化的战略要求背景下，在法治与德法相结合的治理原则下，应重新梳理这一层面的行为规范，扬长补短。尤其应关注法规性文件在这一层面的关键作用，强化执行效率。

行业层面的行为规范，主要是行业自律组织就本行业文化建设制定的行为规范，是自律性制度设计，包括专门的行为准则、关于行为规范的倡议，以及文化建设总体方案或设计中的行为规范内容。如中国银行业协会 2020 年 9 月 7 日修订发布的《银行业从业人员职业操守和行为准则》、中国保险行业协会 2009 年 9 月发布的《保险从业人员行为准则实施细则》、中国证券业协会发布的《证券行业文化建设十要素》、2020 年中国信托业协会发布的《信托公司信托文化建设指引》等。又如，中国保险资产管理业协会 2021 年 4 月发布的《中国保险资产管理行业清廉文化建设倡议书》，2023 年发布的

---

① 中共中央党史和文献研究院．习近平关于金融工作论述摘编［M］．北京：中央文献出版社，2024．

《中国保险资产管理行业加强文化建设倡议书》，2023 年中国证券业协会发布的《树立证券行业荣辱观的倡议书》等。

企业层面的行为规范是金融机构制定的、约束全体员工的规则体系。企业行为规范规定了员工按照文化理念要求需要采取的工作态度和行为方式，是金融企业文化的重要构成要素。企业行为规范约束的行为包括员工的经营行为以及日常行为，通过制定各类制度、准则、守则来体现。在企业和组织中，行为规范在企业形象识别设计领域有所体现，是企业文化建设的重要途径。从组织的识别系统上，除了 MI（理念识别）、VI（视觉识别）之外，还需要行为上的识别，也就是 BI（行为识别系统，Behavior Identity）。企业和组织层面，行为识别也需要借助行为规范的建立。很多银行、保险公司都有自身的企业文化体系，行为规范和行为准则是其中的重要内容。如中国工商银行发布的《中国工商银行企业文化手册》中，除了愿景、价值观、基本理念等，还包括企业行为准则和员工行为准则。很多金融机构都制定了专门的行为规范及配套制度，如《中国农业银行员工行为守则》《中国建设银行员工违规处理办法》《招商银行正风肃纪十项铁律》等。在新形势下，金融企业文化建设应加强党组织的主体责任，结合基层组织工作、群团工作、青年工作和人才工作，避免形式化表面化，优化行为规范体系，切实践行中国特色金融文化理念和价值观。

本章结语

本部分我们提供了一个分析框架，也是认识框架。

习近平总书记在中央金融工作会议上指出"要在金融系统大力弘扬中华优秀传统文化"，以及在省部级主要领导干部推动金融高质量发展专题研讨班的重要讲话中提出"中国特色金融文化"的命题，在此之后，中国特色金融文化迅速成为业界高度关注的话题。

理解中国特色金融文化的重大意义，我们从以下几个方面展开探讨。

首先从背景和战略视角认识中国特色金融文化。中国特色金融文化重大命题是在当代"百年未有之大变局"形势和新发展阶段这一历史背景下提出的，是在我国提出金融高质量发展与建设金融强国等国家金融战略背景下提出的。在此背景下，中国特色金融文化在国家金融战略图谱中居于重要地位。同时，我们认为中国特色金融文化具有特殊的现实定位。中国特色金融文化是一种国家金融文化软实力，是我国新时期金融治理的德治力量，是中国特色社会主义文化的重要组成部分。所以，中国特色金融文化是一种具有国家战略背景和时代特征的精神文化形态。中国特色金融文化是一种符合中国特色金融发展道路要求的理想形态，是一种正在形成中的文化状态。

要认识为何强调"两个结合"及大力弘扬中华优秀传统文化。"两个结合"是"中国特色"的关键，走中国特色金融发展之路、培育中国特色金融文化都要坚持"两个结合"。本章我们总结提炼了三种重要的文化基因：中华优秀传统文化、革命文化与红色文化、世界近现代经济思想与金融文化。从近十年的金融文化建设实践看，中华优秀传统文化显然被忽视了，以义取利的义利观、稳健审慎的经营观、守正创新的创新观等中华文化传统是当下重塑金融文化非常需要的。

要认识"五要五不"在积极培育中国特色金融文化体系中的核心地位。习近平总书记强调的"五要五不"是对中国特色金融文化内涵的浓缩表述，被认为是中国特色金融文化的内涵要义和实践要求。在文化的体系视角上，"五要五不"符合文化体系中价值观的特征，所以可以认为"五要五不"是重塑中国特色金融文化价值观的基本架构，也是中国特色金融文化体系的核心。但从体系构建角度上，我们需要更全面认识中国特色金融文化体系的内容，需要包含思想指引、理念以及行为规范等更多的内容。

所以，我们以"五要五不"价值观为基础，向思想指引、基石理念以及行为规范等其他领域延伸，搭建了一个适合更全面分析和认识中国特色金融文化的框架。这个框架可具体简化为一个"1353"结构，即一个思想指引，三大基石理念，

"五要五不"价值观架构以及三层面行为规范。

在这个框架中，有实然性的描述，也有应然性的分析。我们将中国特色金融文化作为应然体系，那么它应该有自己的指导思想或思想指引，这个体系的思想指引就是习近平文化思想和习近平关于金融工作重要论述。基于中国特色金融发展之路和中国特色金融文化的共生关系，我们认为关于中国特色金融发展之路的思想表达（"八个坚持"）就是中国特色金融文化体系的理念，其中有三个是基石理念：坚持党的领导、以人民为中心、服务实体经济。以"五要五不"作为中国特色金融文化的价值观内容，不仅因为"五要五不"提出时具有非常重要的背景，也因为价值观在文化体系中的重要性。构建文化体系，必须关注行为规范。行为规范是制度文化，但在这里我们将它纳入精神文化的分析框架，因为制度也是精神生产的成果。

我们在讨论中国特色金融文化时，需要关注金融文化的一些特征以及由此带来的需要思考的重要问题。

一个重要问题是关于金融文化的文化属性与经济属性之间的关系。金融文化具有文化属性，或社会文化属性。不同的金融文化在不同文化背景和社会背景下形成不同的特质。中国特色金融文化的特质要求对中国特色社会主义建设背景下的共同价值负责，如公平、正义，要不断推进金融服务的均衡性和普惠性，但是强调文化属性的同时，可能会忽视金融作为经济活动的商业属性和内在规律。金融本质上是经济活动，追求合理利润是基本目标，金融的基本经济属性需要得到基本的尊重。在强调文化属性时，可能因过度重视公平而忽视效率。是效率优先、兼顾公平，还是公平优先，兼顾效率，还是效率与公平兼顾？这些需要在强调金融文化的文化属性时加以重视。

还有一个重要问题是关于"中国特色"与"交流互鉴"之间的关系。我们认为培育中国特色金融文化，不仅要强调结合中华优秀传统文化，同时也不能忽视另外两个文化基因，即革命文化与红色文化，以及世界近现代经济思想与金融文化。尤其值得警惕的是，在实践中，世界近现代经济思想与金融文化可能会被有意忽视。中华文化是在同其他文化不断交流互鉴中形成的，中国特色金融文化的"中国特色"，首先当然基于马克思主义基本原理和中华优秀传统文化的结合，但同时必须坚持与其他文化的交流互鉴。向世界近现代经济思想与金融文化学习和借鉴，何尝不是一种"中国特色"？所以不能"非左即右"、谈西方而色变。中华文化的包容性和融合性，决定了中国特色金融文化也应具有包容性和融合性。正视这种包容性和融合性，才是最大的文化自信。

第二章

中国特色金融文化的文化基因

导读：党的十九大报告指出："中国特色社会主义文化，源自于中华民族五千多年文明所孕育的中华优秀传统文化，熔铸于党领导人民在革命、建设、改革中创造的革命文化和社会主义先进文化，植根于中国特色社会主义伟大实践。"中国特色金融文化以中国特色社会主义文化为文化母体，与中华优秀传统文化、革命文化有着必然的历史渊源。同时，我们不能忽视，作为现代经济和金融体系的一部分，中国特色金融文化与世界近现代经济思想及金融文化有着紧密的基因联系。本章分三个部分，解析我国金融文化的三个主要渊源和中国特色金融文化的文化基因。

一、中华优秀传统文化

（一）中华文化的民族性与特征

文化具有民族性。文化蕴含着各民族不同的信仰、思想智慧和价值追求，是一个民族区别于另一个民族的独特标志。

费孝通先生称"中华民族"是"多元一体格局"的不可分割的整体。中华民族由五十六个民族共同构成，每个民族都是中华民族不可分割的重要组成部分，各民族都对中华文化作出了重要贡献。毛泽东在《新民主主义论》中指出："中国文化应有自己的形式，这就是民族形式。"在中华文明形成过程中，我们这个被称为"中华民族"的群体形成了自身的独特的文化，这就是中华文化或中国文化。

习近平总书记在文化传承发展座谈会上总结了中华文明的突出特性，包括突出的"连续性""创新性""统一性""包容性""和平性"[①]。中华文明的这些特征是由中华优秀传统文化的各种要素共同塑造的，这些特征也反映在中华文化上。就社会学意义的文化而言，中华文化的主要特征有以

---

① 习近平. 在文化传承发展座谈会上的讲话［J］. 求是，2023（17）.

下几个方面：

一是中华文化的连续性。中华文化的连续性在文明古国当中独树一帜。习近平总书记在文化传承发展座谈会上指出："中华文明是世界上唯一绵延不断且以国家形态发展至今的伟大文明。"[①]中华文明的连续性，在社会发展和国家治理层面，表现为文化和价值观的连续性。华夏文化经过夏商周文化不断演进，西周形成统一的礼乐文化和政治经济制度，自汉以来形成以儒家思想为思想主体的稳定的文化体系。中国历史上政权无论如何变化，这个文化体系一直延绵不绝，从未间断过。这种连续性形成中华文化发展的巨大惯性，会一直保持自身的民族性和独特性。

二是中华文化的创新性。中华文化以其强大的创新能力不断适应时代需求，为文明的繁荣注入新的活力。习近平总书记在文化传承发展座谈会上指出："中华文明具有突出的创新性。""中华文明的创新性，从根本上决定了中华民族守正不守旧、尊古不复古的进取精神，决定了中华民族不惧新挑战、勇于接受新事物的无畏品格。"[②]创新性贯穿中华文化发展的各个阶段，从春秋战国"百家争鸣"的思想解放，到汉代儒道融合形成稳定的文化体系；从唐代开放的对外交流和文

---

① 习近平. 在文化传承发展座谈会上的讲话［J］. 求是，2023（17）.
② 习近平. 在文化传承发展座谈会上的讲话［J］. 求是，2023（17）.

化传播创新，到宋代繁荣的市民文化和发达的科技成果。每一次历史变迁中，中华文化都能够在继承传统的基础上突破创新，焕发新的生命力。创新性不仅是中华文化延续生命力的重要方式，也是其在全球化时代保持文化竞争力的重要手段。它使得中华文明既能保持传统根基，又能与时俱进地发展。

三是中华文化的统一性。习近平总书记指出："中华文明的统一性，从根本上决定了中华民族各民族文化融为一体、即使遭遇重大挫折也牢固凝聚，决定了国土不可分、国家不可乱、民族不可散、文明不可断的共同信念，决定了国家统一永远是中国核心利益的核心，决定了一个坚强统一的国家是各族人民的命运所系。"[1] 中华文化是以华夏文化为主体、多民族文化融合发展的文化共同体，经受了历史上的风风雨雨，保持了极强的稳定性。在历史上，中华文化内部的各民族对中华文化的认同，高于对部族和政权的认同，这种文化共同体理念维护了中华文化的统一性。在近现代，这种文化统一性又维护了中华民族的统一性和现代文明国家的统一性。

四是中华文化的包容性。在中华文化的所有特征之中，包容性更为突出。包容性首先是文化的求同存异，决定了中华文化发展的多样性。中华民族是"多元一体"，中华文化也是"多元一体"，中华文化内部多民族的文化共存并保持着文

---

① 习近平.在文化传承发展座谈会上的讲话［J］.求是，2023（17）.

化独特性，儒释道多种思想体系两千年来一直交融互补，这些都体现了中华文化的包容性。包容性又表现为文化的兼收并蓄，决定了文化融合性。中华文化是经过不断融合传承下来的。在中国古代，既有西周、秦汉时期由大一统促进的文化融合，也有五代十国、南北朝、辽金、元、清时期的多民族文化融合。既有唐朝时期亚洲范围内实现的亚洲区域文化融合，中华文化圈自此肇始，也有明中期的以传教士为标志的中西文化交流，史有"西书七千部"之闻。

五是中华文化的和平性。我国著名历史学家钱穆说："中国文化是一种现实人生的和平文化，这一种文化的主要源泉，便是中国民族从古相传的一种极深厚的人道观念。"①这种人道观念，即"忠恕"，即"爱敬"，决定了中国人在处理冲突问题时有着不一样的价值追求——以和为贵。中国人认为人与人之间要和睦，国家与国家之间要和平，人与自然之间要和谐。这种与其他文化体系有所区别的文化特征，在弱肉强食的丛林文化横行世界时体现了可贵的人类共同价值。中华文化"倡导交通成和，反对隔绝闭塞；倡导共生并进，反对强人从己；倡导保合太和，反对丛林法则"②。"和"文化决定了中华文化共同体不具备侵略性，不会以大欺小，不会搞霸权。

---

① 钱穆．中国文化史导论［M］.北京：商务印书馆，2023.
② 习近平．在文化传承发展座谈会上的讲话［J］.求是，2023（17）.

中华文化有着延绵传续的独特物质载体、独特礼制和文化观念，形成了独特的文化体系，是世界文明史上的璀璨明珠。

（二）中华优秀传统文化思想与古代金融文化

中华优秀传统文化是中华文化中能够适应时代发展需要、有利于国家发展和民族复兴、能够提高人民精神文明水平的部分。中华优秀传统文化是中华民族的文化根脉。

在中国古代，关于宇宙、天下、国家、社会、人生、道德、伦理、人才等要素，一直都有系统的文化观念传承。直至如今，很多中华优秀传统的文化观念成为中国特色社会主义文化的文化基因。习近平总书记指出："中华优秀传统文化有很多重要元素，比如，天下为公、天下大同的社会理想，民为邦本、为政以德的治理思想，九州共贯、多元一体的大一统传统，修齐治平、兴亡有责的家国情怀，厚德载物、明德弘道的精神追求，富民厚生、义利兼顾的经济伦理，天人合一、万物并育的生态理念，实事求是、知行合一的哲学思想，执两用中、守中致和的思维方法，讲信修睦、亲仁善邻的交往之道等，共同塑造出中华文明的突出特性。"①

我国金融活动历史悠久，有丰富的货币文化史、有连续完整的金融治理和市场发展史，形成了较为发达的金融体系。

---

① 习近平.在文化传承发展座谈会上的讲话［J］.求是，2023（17）.

自周以来的行政管理框架中，金融始终与财政等职能共同成为必要的国家治理手段。自范蠡、管仲至桑弘羊的平准思想，体现了我国古代通过市场进行经济金融调控的治理智慧。春秋末年周景王卿士单旗提出的"子母相权论"是世界上最早的货币理论，唐朝时期出现的"飞钱"是世界上最早的汇票，宋朝交子是世界上最早的纸币。南北朝时期的质库、寺库、长生库等典当性质的放贷机构，代表了当时兴盛的寺庙金融特征；我国宋代商业经济较为发达，有了比以往时期更多的金融机构，如官办的检校库、抵当所、抵当库，以及民办的金银铺、衣引铺和私人抵当铺等。我国明代的当铺、钱庄，清代的票号等，是典型的古代金融业。典当行的出现可以追溯到汉代，在南北朝时期为质库等形式，唐宋时期发展壮大，明时期始称为"当铺"。宋时期金银铺、交引铺等机构经营兑换业务，至明时期为钱铺、钱肆、钱庄（或银号），钱庄的业务范围包括货币兑换、存款放款业务、汇兑业务和发行钱票银票业务等。票号则是清代中叶出现的一种金融机构，以山西商人经营为典型，依赖庞大的网络和信用，从事异地汇兑业务和存放款业务，在近代达到发展鼎盛时期。我国古代金融文化价值观，除了体现在金融治理体系，更主要是体现在这些官办和民办金融机构的运营当中。尤其从明清两代的钱庄、票号的相关文献资料看，这些金融行业及其机构，都有着自身独特完备的经营制度和组织文化，有传承不绝的文化理念和价值观。

中华文化的天下观、德政观等思想传统对中国古代金融制度和金融文化影响深远。儒家文化思想中天下为公的家国天下意识，是中华优秀传统文化的基本内涵之一。天下为公、天下大同，民为邦本、为政以德，九州共贯、多元一体，修齐治平、兴亡有责，这些天下观、国家观和社会观影响了中国古代一代又一代知识分子。具有中华特色的商业文化在以儒家思想为主的文化传统影响下形成，即便是中国资本主义萌芽和商业经济的形成时期，儒家文化也有着正向的价值观凝聚作用。如果不是西方枪炮下的"西化"大潮，中国以儒家思想为中心的商业文化走向，可能早已造就影响世界经济的另一种商业文明。有学者认为，中国古代金融体现着"宏微并建""天下为公"的中国文化核心原则，与相同历史时期的纯粹私有化的西方金融体制相比，机制方面更加合理，技术方面更加先进，且更具有整体关照、更具人文关怀[1]。"天下为公""兴亡有责"等中华优秀传统文化不仅造就了中国古代金融文化，也是现代金融服务国家战略、担当国家责任的文化基础。

厚德载物、明德弘道的精神追求，不仅是中国古代士大夫或普通人家的道德追求，也是商业文化的基本道德要求。古代金融机构多恪守中国传统文化的伦理道德标准，如戒赌、

---

[1] 禹钟华.中国古代金融简史［M］.北京：人民出版社，2023.

戒毒、戒嫖、戒欺，将其作为用人标准和经营准则。直到民国时期，一些保留下的传统金融业态仍遗存传统经营文化的痕迹。如民国时期太原义和当铺的店规为：不准携带家眷，不准嫖妓宿娼，不准吸食鸦片，不准参与赌博，不准假公济私，不准私蓄放贷，不准打架斗殴，不准承保他人，不准浮挪暂借，不准结交邪恶，不准私分落架（"落架"即当户过期不赎的抵押品，也称"死当"）。山西乔家大德通票号的号规也有"七不准"之说，包括不准接眷出外，不准在外娶小纳妾，不准宿娼赌博，不准在外自开商店，不准染习不良嗜好，不准蓄私放贷，不准用号款借与亲友等。

富民厚生的经济伦理建立在民本思想之上。"民惟邦本，本固邦宁"，中国古代的"德政"，要以民为本，这是中国古代关于经济发展模式的治理思想。而在商业领域，富民厚生，则是以国家利益为先。荀子说："故知节用裕民则必有仁义圣良之名，而且有富厚丘山之积矣。""治万变，材万物，养万民，兼制天下者，莫若仁人之善也富。"这段话中心意思就是说国家理财不能忘记人民富裕。春秋末期单旗阐述了最早的货币流通理论，即"子母相权论"，其中说道："今王废轻而作重，民失其资，能无匮乎？"（《国语·单穆公谏景王铸大钱》）唐朝刘晏勤于财政，善于理财，《后唐书》称其为"富其国而不劳于民，俭于家而利于众"。宋代的检校库既是信托机构也是信贷机构，掌管遗孤财产，通过放贷收息以负担抚养遗孤费用，不仅能起到资金融通的作用，还有一定的公共救济的功能。

义利兼顾是中国商业文化中很重要的经济伦理和价值观。在义利问题上，中国古代商业文化注重修德修心，以避免为利益所困。明代山西著名商人王文显说："故善商者，处财货之场，而修高明之心，是故虽利而不污。"清中后期，以日升昌、大德通、三晋源为代表的山西票号盛极一时，以经营异地款项汇兑为特色，"汇通天下"（见图 2-1），其文化密码之一是仁义文化和"以义制利"价值观。这个文化传统直到民国的战乱时期仍为山西票号坚守。1930 年发生中原大战，阎锡山战败，山西省银行自行发行的"晋钞"大幅度贬值，二十五块"晋钞"兑一块新币。但是大德通票号并未趁机把"晋钞"换给存户，而是把自己历年的公积金拿出来，按照新的币值兑付存款，宁愿承担三十万两白银的损失。

图 2-1 晋商日升昌票号"汇通天下"大匾

中国人讲究实事求是、知行合一，善于理论联系实际，重视"道"与"术"的结合。中国传统文化观念来自儒家、道家、法家、墨家、阴阳家、兵家等多元思想体系，中国人在实践中往往会各用其长。对文化思想的因地制宜、因时制宜地"用"也是我国文化传统之一，合用则用，并不一味死守。例如，智、信、仁等价值观在各家思想流派中的含义虽各有千秋，但也能万宗归一，合用为本。仁、义、礼、智、信是儒家文化的基石，也是中国传统商业文化的基础；智、信、仁、勇、严是兵家文化的精髓，是作为统帅和领导者的修养。战国时期魏国白圭提出为商四德"智勇仁强"，与儒家和兵家文化一脉相承，以中国式话语体系构建中国商业文化的主体框架，是工商业者传承数千载的群体性共识①。

执两用中、守中致和的思维方法，是中国人传统文化思想中独特的方法论。这种思维方法深受中庸与阴阳哲学思想的影响。中庸与阴阳都是最具中华特色的哲学范畴之一，两者共同点在于平衡，有着思想演进上的必然联系。"中庸之道"和"一阴一阳之谓道"根植于中国人的内心深处。由此，在价值观上，中国人追求执两用中，不偏不倚，追求协调、平衡、和谐的境界，方式上更注重守中致和，注重审慎、平和、包容、互补，等等。基于这种观念，中国人在义利之间、奇正之间、本末之间、远近之间、德能之间，都有自己独到的价值选择。

---

① 李晓. 弘扬中华优秀传统商业文化［J］. 红旗文稿，2022（09）.

这些文化观念也深深影响了从事经济活动的商人阶层，形成独具特色的中国商业文化传统。

（三）"第二个结合"：道路指引与当代传承

中华优秀传统文化不仅促进了我国古代社会经济的进步，也已经根植于当代中国人的文化血液当中。我国金融业的发展也从未脱离中华文化环境。不过在近现代，我国经济金融的发展处于各类文化碰撞之中，西学常被奉为圭臬，而中华优秀传统文化思想常常隐身于后。以至于到如今，我国的金融发展似乎有些找不到根和魂了。

"两个结合"非常及时地解决了根和魂的问题，指出了我国金融发展的根本道路，那就是以"两个结合"确保中国特色的中国道路。

2021 年 7 月 1 日，习近平总书记在庆祝中国共产党成立100 周年大会上指出："新的征程上，我们必须坚持马克思列宁主义、毛泽东思想、邓小平理论、"三个代表"重要思想、科学发展观，全面贯彻新时代中国特色社会主义思想，坚持把马克思主义基本原理同中国具体实际相结合、同中华优秀传统文化相结合，用马克思主义观察时代、把握时代、引领时代，继续发展当代中国马克思主义、21 世纪马克思主义。"[①]

---

① 习近平.在庆祝中国共产党成立100周年大会上的讲话［J］.求是，2021（14）.

这就是"两个结合"。党的十九届六中全会将"两个结合"表述写入了《中共中央关于党的百年奋斗重大成就和历史经验的决议》。习近平总书记指出："在五千多年中华文明深厚基础上开辟和发展中国特色社会主义，把马克思主义基本原理同中国具体实际、同中华优秀传统文化相结合是必由之路。这是我们在探索中国特色社会主义道路中得出的规律性认识。"①

"两个结合"提出以来，各行各业都在热烈讨论在各自领域如何实践"两个结合"。中央金融工作会议指出，党中央把马克思主义金融理论同当代中国具体实际相结合、同中华优秀传统文化相结合，是党的十八大以来领导金融工作取得的重要实践成果和理论成果之一。

这是金融版的"两个结合"。

如何打造中国特色？关键就在于"两个结合"。积极培育中国特色金融文化，尤其要重视"第二个结合"。那么我们如何理解坚持马克思主义金融理论与中华优秀传统文化相结合？

首先是要坚持以马克思主义金融理论为基础。马克思主义不是过时了，而是要继续发展马克思主义，要用马克思主义观察时代、把握时代、引领时代，继续推进马克思主义中国化。马克思主义政治经济学是马克思主义三大组成部分之一，是我国社会主义经济建设的理论基础。改革开放以来，

---

① 习近平.在文化传承发展座谈会上的讲话［J］.求是，2023（17）.

我党不断丰富马克思主义政治经济学；尤其是党的十八大以来，以习近平同志为核心的党中央提出了一系列原创性的经济学理念和思想，形成了习近平经济思想，成为马克思主义政治经济学中国化的最新成果。

马克思主义金融理论是马克思主义政治经济学的重要组成部分。在信用理论、货币金融理论、金融资本理论、金融危机理论等多领域，马克思主义金融理论阐发了金融活动的本质规律，对发展社会主义金融有重要指导作用。习近平总书记关于金融工作的重要论述，丰富了中国当代马克思主义金融理论，是习近平经济思想的一部分。所以，在金融发展中坚持马克思主义基本原理，首先就是坚持马克思主义金融理论。

其次是要坚持将马克思主义金融原理与中华优秀传统文化相结合，这是培育中国特色的根本道路。马克思主义基本原理同中国具体实际相结合，从新民主主义革命时期就显现了强大的理论力量。"第一个结合"在文化领域有充分的历史验证，表现为：马克思主义进入中国，与中国具体实际相结合，在革命实践中孕育了革命文化和红色文化，推动了新民主主义革命和社会主义革命，如今仍然是社会主义先进文化的理论基础，是中国共产党领导社会主义建设的文化灵魂。

基于历史原因和现实需要，"第二个结合"在当下显得更为紧迫。中国文化也是中国具体实际，为什么要把文化单独从中国具体实际中分离出来？因为在走什么道路这个问题上，文化是中国最大的实际。同"第一个结合"相比，"第二个结合"更聚焦中国发展道路的原动力问题。在金融领域，党中央要求"要在金融系统大力弘扬中华优秀传统文化"，要求坚持马克思主义金融理论同中华优秀传统文化相结合，这是文化自信和文化自觉的表现，是关于金融发展道路的新认识和新高度，是中国特色金融发展理论的重要创新。

综上，坚持"两个结合"是培育中国特色金融文化的重要理论依据之一。坚持"两个结合"，尤其是坚持"第二个结合"，能够推动金融领域的中华优秀传统文化的当代传承，为保障中国特色金融文化的"中国特色"提供理论支撑。

二、革命文化与红色文化

（一）从革命文化到社会主义文化

文化的形成具有时代性。中国特色社会主义文化，既有中华优秀传统文化的基因，还有新民主主义革命以来形成的革命文化的基因。革命文化是具有鲜明时代特征的文化形态。清末民初，我国经历了前所未有的思想解放，一大批中国人开始"睁眼看世界"。但真正的思想解放是从五四运动开始的，共产主义和社会主义思想孕育了中国共产党和新民主主义革命，革命文化与红色文化席卷中国。

革命文化是我国新民主主义革命时期形成的文化。毛泽东在 1939 年所著《中国革命和中国共产党》中指出，新民主主义革命是"无产阶级领导之下的人民大众的反帝反封建的革命"[①]，根本目的是改变买办的封建的生产关系以及腐朽的政治上层建筑，从根本上解放被束缚的生产力。中国共产党团结带领全国人民和社会各阶层，以武装的革命持续奋斗，最终实现了民族独立和人民解放，成立了伟大的中华人民共和国。革命文化的主色系是红色，红色是从"红军""红区"开始对中国共产党领导的革命力量的标志性认识，所以中国新民主主义革命时期形成的革命文化也称为"红色文化"。

革命文化是中国共产党人以马克思主义基本原理同中国具体实际相结合创造的中国文化。革命文化的使命是为中国人民谋幸福、为中华民族谋复兴，追求人民解放、追求社会平等。"全心全意为人民服务"是中国共产党始终坚持的根本宗旨，也是中国新民主主义革命时期形成的革命文化的精髓。红船精神、井冈山精神、长征精神、延安精神、红岩精神、西柏坡精神等是这一时期创造并传承至今的革命精神，彰显中国共产党人的信仰、品格和理想，是革命文化的灵魂。这一时期，我党建立红色金融事业，不断探索创新，一步步从萌芽走向成熟，形成了红色金融文化，也是革命的金融文化。这是以人民为中心的金融文化，是我国进入社会主义建设时期后金融文化建设

[①]　毛泽东.毛泽东选集：第二卷［M］.北京：人民出版社，1991.

的重要基础，是中国特色金融文化的重要文化基因。

革命文化在社会主义建设时期成为社会主义文化。新民主主义革命的胜利和中华人民共和国的成立，带来了全新的社会文化建设进程。这一时期的文化探索，回答了社会主义文化的地位任务、指导思想、价值内核、性质与发展方向等根本性问题，奠定了新中国社会主义文化的基石，也创造了中国历史上从未有过的崭新的人民文化[①]。改革开放之后，中国进入中国特色社会主义建设时期，社会主义先进文化成为这一时期的文化蓝图，并在建设实践中不断熔铸和发展。社会主义先进文化萃取了中华优秀传统文化和革命文化的精华，是对中华优秀传统文化和红色革命文化的深度融合，也是中华文化在当代中国的最新发展。[②]

革命文化并未消失，而是传承于社会主义文化，尤其是中国特色社会主义建设时期的社会主义先进文化，是中国特色社会主义建设的重要精神财富。

（一）希望之光：红色金融与红色金融文化

《追风者》是一部不错的金融题材电视剧。在剧中，国民党中央银行的特派员沈图南在中央苏区目睹了完全不同的景

---

① 欧阳雪梅. 新中国 70 年社会主义文化建设及其经验［N］. 光明日报，2019-07-10.
② 汤玲. 中华优秀传统文化、革命文化和社会主义先进文化的关系［J］. 红旗文稿，2019（19）.

象，他感叹："在苏区，我看到了现代国家的雏形，也看到了历朝历代没有解决的阶级融合。我在路上看到那些小商小贩，他们自在，有安全感，一看就是没有被压榨和搜刮过。"

这一剧情真实展现了中国共产党在新民主主义革命时期创建红色金融、全心全意为人民服务的历史片段。

第一次国内革命战争时期，中国共产党在农民运动中就探索建立了一些银行机构，如 1924 年在浙江萧山衙前成立的衙前信用合作社，这是中国共产党领导创建的第一个金融组织，他们为贫苦农民提供无息贷款，体现了金融为人民的思想。随着北伐战争的节节胜利，中国共产党领导的农民运动进入高潮。1926 年 12 月，在毛泽东和中共湖南省委领导下召开的湖南省第一次农民代表大会上，制定了《金融问题决议案》《农民银行问题决议案》等，体现了中国共产党人早期关于金融工作的思想理论和政策方针。这一时期湖南地区先后成立了八个金融机构，并发行了自己的货币。在衡山县成立的柴山洲特别区第一农民银行，是第一次国内革命战争时期中国共产党领导成立的最早的银行。

土地革命时期，各个根据地先后成立八十多个货币发行机构，发行了 150 种名称的货币①。1928 年 2 月成立的海陆丰劳动银行是中国第一个苏维埃政权银行，只开办了不足一个

---

① 刘漾，钟宇平，黄沁．红色货币发行与折算［J］．中国金融，2021（Z1）．

月。早期的银行还有在闽西上杭创办的蛟洋农民银行，在赣西南成立的东固平民银行（后更名为"东固银行"）等小型银行。1928年，红军造币厂成立，并发行了"工"字银元。1930年11月，闽西工农银行在福建龙岩成立，这是中华苏维埃共和国国家银行的前身。1932年2月，中华苏维埃共和国国家银行在江西瑞金成立（见图2-2），毛泽民担任首任行长。1932年7月，中华苏维埃共和国临时中央政府颁布了《中华苏维埃共和国国家银行章程》。此后各根据地银行先后改组为国家银行的分行。这些红色银行的主要任务就是集中现金、增加资本、调剂金融，主要业务则是发行货币、吸收存款和买卖金银。

图2-2　位于江西瑞金的中华苏维埃共和国国家银行旧址

抗日战争和解放战争时期，红色金融延绵不绝。抗日根据地先后建立了近四十家金融机构。中华苏维埃共和国国家银行西北分行改组为陕甘宁边区银行，是陕甘宁边区的金融中心。这一时期的金融机构还有晋察冀抗日根据地的晋察冀边区银行、晋西北抗日根据地的兴县农民银行（后称晋西北农民银行）、华中抗日根据地的江淮银行等。抗日战争时期的金融机构很多都延续到解放战争时期，根据形势需要，经过了多次整合、改组，由分散走向统一，组成了西北农民银行、华北银行等银行；山东革命根据地成立北海银行；东北解放前先后成立了东北银行、嫩江省银行、吉林省银行、关东银行、牡丹江实业银行和合江银行。1948 年 12 月 1 日，华北银行、北海银行、西北农民银行合并，在石家庄成立中国人民银行，并统一发行人民币，开始推动形成全国统一金融体系。1949 年 9 月，中国人民政治协商会议通过《中华人民共和国中央人民政府组织法》，赋予中国人民银行国家银行职能，承担发行国家货币、经理国家金库、管理国家金融、稳定金融市场、支持经济恢复和国家重建的任务。

红色金融文化的第一个重要特征是坚持以人民为中心的理念。红色金融初始，金融机构的服务对象主要是农民和劳苦大众。在大革命时期，中国共产党就倡导为农民提供低息、无息贷款。如 1925 年在中国共产党第三次中央扩大执行委员会通过的《关于农民问题决议案》中强调"限制高利贷盘剥，每月利息最高不超过二分五厘"，第一次提出农村高利贷的最高界限。第一次土地革命时期的柴山洲特别区第一农民银行成立后，立即向农户发放生产、生活贷款和为农民协会办理平粜收款，贷款对象以雇农、佃农、小商人、小手工业者为限，借款期限按用途审定，贷款利息按月息 5 厘收取 ①。革命根据地的红色银行和信用合作社，不仅积极扶助生产，而且积极帮助百姓渡过生活上的难关，体现了中国共产党以人民为中心的金融文化思想。

红色金融文化的第二个重要特征是以发展生产和经济为宗旨。海陆丰劳动银行成立之初，即宣布银行使命是"有此借贷机关，得以从事生产，发展社会经济"。第一次国内革命战争时期的柴山洲特别区第一农民银行，在《银行章程十二条》中确定了"维护无产阶级、维持生活、扶持生产"为宗旨。土地革命时期的闽西工农银行制定的银行任务为"调整金融、保存现金、发展社会经济、实行低利借贷"。红色银行为老百姓实行低息或无息贷款，使苏区的基本农业生产得以维持。《福建革命根据地货币史》中记载：福建永定太平区信用社 1929 年 10 月成立时放的第一笔贷款就是支持上洋乡的贫民购买耕牛贷款 200 元，解决了当时老百姓因缺耕牛而由人代替耕牛拖犁的状况，这对于祖祖辈辈依靠借债、借高利贷过日子的百姓来说，其高兴之情可想而知。② 土地革命战争时期闽西苏区创建信用合作社，信用合作社明确"以便利工农群众经济的周转与帮助发展生产，实行低利借贷，抵制高

---

① 中国金融思想政治工作研究会.中国红色金融史［M］.北京：中国财政经济出版社，2021.

② 蒋九如，刘敬扬.福建革命根据地货币史［M］.北京：中国金融出版社，1994.

利贷剥削的宗旨"。抗日战争时期的陕甘宁边区银行的总方针是"发展经济、保障供给",发行边币,积极发放农业贷款、工商贷款,有力地支援了根据地经济和抗日战争。

红色金融文化的第三个重要特征是非常重视诚信价值观,重视维护银行信用和共产党人信誉。金融是以信用为基础的经济活动,更是一个需要讲诚信文化的事业。金融的生命力在于维护以信用为纽带建立的经济关系,这决定了机构的诚信程度和信誉。红色银行发行了多种货币,由于战争时期红军常常转战各地,银行也会随时撤离,持有这些货币的群众可能遭受巨大损失,所以红色银行都要坚持在撤离时能兑换的均予以兑换。1928 年,国民党军阀"围剿"闽西根据地,蛟洋农民银行迅速清账,将所发纸币从群众手中用银元兑回。长征时期,党中央要求红军沿途控制使用"苏币",在不得已的情况下使用"苏币"要及时予以兑换。中国工农红军在黎平进行长征后的第一次整编,并在当地使用"苏币"采购补给,并承诺红军如果离开会给群众兑换为银元。红军离开黎平前,群众手里的"苏币",几乎都兑换成了硬通货或物资。1935 年,中华苏维埃共和国国家银行撤离遵义城"二换银元"的故事,践行了我党红色金融视信用为生命的理念。中国工农红军两次占领遵义城,曾成功发行"红军票",国家银行在撤离遵义时收回发行的"红军票",让群众兑换银元。国家银行工作人员在闹市区摆上银元及布匹、粮食、食盐等货物,通宵达旦让群众兑换或选购，成为红色金融史的经典画面。

红色金融文化的第四个重要特征是艰苦奋斗的革命精神。革命战争年代，条件极为艰苦，但红色金融机构一直在恶劣的环境下艰苦奋斗，不畏困难，坚决执行党的决定，完成了自己的金融使命。由于形势的需要，战争时期我党建立的银行常常要转战各地，成为"扁担银行""马背银行"，但一直都秉承中国共产党的信仰和宗旨，形成了不畏艰险、艰苦奋斗的卓越品质。长征中，中华苏维埃共和国国家银行编为"中央纵队第十五大队"，共计 14 人，他们在长征中筹措资金、活跃贸易，到达陕北时有 6 人为革命牺牲。但是，他们完好保存了国家银行金两担、银十二担、珠宝若干，无一损失，成为红色金融发展史上的佳话。

红色金融是我国社会主义金融事业的拓荒期，为我国进入社会主义建设时期开展金融工作积累了宝贵的经验和文化财富。在培育中国特色金融文化的战略背景下，挖掘红色金融文化基因，培本固元，传承发展，才能保持社会主义金融事业的初心本色。

三、世界近现代经济思想与金融文化

（一）第一次大规模中西文化碰撞与金融文化影响

世界近现代经济思想与金融文化是影响我国金融文化的

重要文化源流。世界近现代经济思想与金融文化，主要是指欧美近现代经济思想和金融文化。17 世纪中叶至 20 世纪初，随着资本主义生产的发展、两次工业革命的进行以及资本主义市场经济的成熟，主要欧美国家完成了近代化进程。19 世纪中叶，西方的坚船利炮打开中国的大门，西方先进技术和制度文化冲击中国文化思想，我国在走入半殖民地半封建社会的同时开启了近代化进程。

清末，试图从经济和技术上解决问题的洋务运动、试图从政治制度改革方面解决问题的戊戌变法先后失败。从"师夷长技以制夷"开始，随着一系列的经济改革和政治改良计划，西方政治、经济和社会治理思想开始引进，其间常有中西体用之争[①]，推动了中西文化的融合。我国有识之士开始认识西方世界，国内出现一些翻译出版外国图书的机构，如传教士办理的墨海书馆、广学会等。清廷官办的一些机构出版西式图书，西方经济学思想也是这一时期在"西学东渐"大潮中进入中国的。一批经济学原理、经济学史著作进入中国，梁启超等学者开始研究西方经济学并出版著作，如 1902 年出版的《生计学学说沿革小史》。

1842 年《南京条约》签订后，我国被迫开放五口通商，

---

① 张之洞在 1898 年的《劝学篇》中提出了"中学为体，西学为用"的主张，此后究竟以何为体、以何为用一直存在思想争论。

广州、厦门、福州、宁波、上海五处实行自由贸易。此后，很多新式金融机构在通商口岸成立，带来了近代西方银行业、保险业的经营模式，这对后期中国官办和民办的近代金融机构产生了重大影响。总行设在印度的英国丽如银行（Oriental Bank，又称东方银行）于1845年在香港设立分行，1847年在上海设立分行，此后先后有十几家外资银行的分行在上海设立。清末，中国有了新式的证券交易所（1891年设立的上海股份公所）。中国商人开始参与在开放口岸的一些新式金融机构的投资，比如，1865年成立于上海的汇丰银行。西方近代金融业进入中国，民族资本也开始投资银行业，如1897年督办全国铁路事务大臣盛宣怀设立了中国通商银行。这是第一家中国人自己成立的银行，名为商办，实为官营，发行了"银两券""银元券"。清末，中国人自己成立的银行还有官方的户部银行（大清银行）、信成商业储蓄银行、浙江铁路兴业银行等。西方新的金融经营模式、思想和观念也影响了这些银行的发展。

辛亥革命之后的民国时期，我国经济和金融的近现代化进程有所加速。辛亥革命扫清了一些文化思想解放的障碍，随之而来的是轰轰烈烈的新文化运动，中西文化大碰撞，西化思潮、复古思潮此起彼伏。北洋政府时期有国有的中国银行、交通银行和有"北四行""南三行"①之称的商办银行，是

---

① 北四行即盐业银行、金城银行、中南银行和大陆银行，南三行即上海商业储蓄银行、浙江兴业银行、浙江实业银行。

当时著名的近代化金融集团。南京国民政府时期，形成了"四行两局一库"①的官办金融机构格局，同时民办金融机构继续稳定发展。一些更为成熟的西方现代银行进入中国市场，我国的金融机构的格局转变为以新式金融机构为主。传统金融业中，钱庄借助与外资金融机构的业务嫁接维持了一段时间，而票号则在清末民初因内外压力不堪重负逐步退出了历史舞台。

1920 年，著名的"北四行"之一金城银行的总经理周作民在北京办公期间，要求金城银行总管理处将北京通才商业专门学校的商业通论、经济学原理，以及英文和算术等书籍寄往天津，"希即分令行员暇时研究"。可见，民国时期的民资银行在学习西式思想方面是非常积极的。金城银行的故事反映了我国金融业的现代化进程的一个侧面。我国近现代金融发展和金融文化的形成，离不开对世界近现代经济思想和金融文化的学习和借鉴。

官方设立或民间投资设立的新式银行中，很多银行家都就读过国内的西式学堂学校或曾在外资金融机构任职。还有一些人曾留学日本、欧美，学习经济金融相关专业，是早期的"海归"，如杭县（州）农工银行行长周锡经、中国银行

---

① "四行"即中央银行、中国银行、交通银行、中国农民银行；"两局"即中央信托局、邮政储金汇业局；"一库"即中央合作金库。

总经理张嘉璈、浙江实业银行总经理及董事长李铭、交通银行上海分行经理和总行协理钱新之、上海商业储蓄银行的创始人陈光甫等。陈光甫是个眼界学识都极为开阔的人。他在报关行当学徒时就刻苦学习英文，后留学美国，毕业于宾夕法尼亚大学商学院。他积极支持民族工业，善于创新①，制定的银行经营方针为："人争近利，我图远功；人嫌细微，我宁繁琐。"上海商业储蓄银行是早期中小银行的典范，后迁往台湾，仍存续到现今。台湾上海商业储蓄银行无锡分行于 2020 年正式营业，是其在大陆的第一家一级分行（见图 2-3）。

图 2-3　台湾上海商业储蓄银行无锡分行于 2020 年在无锡开业

①　上海商业储蓄银行最早推出各种新型储蓄品种，如零存整取、整存零取、存本付息、子女教育储蓄基金、养老储金和婴儿储蓄，发行储金礼券；最早开设旅行支票；最早从事外汇业务和农业贷款；最早使用机器记账；最早将银两与银元并用；最早经营外汇业务。推行对物信用，开创货物抵押贷款。

1949 年之前，在西方经济思想影响和新式近代金融机构的冲击下，我国金融业完成了一次不算成功的转型，一个具有现代化雏形但不完全独立的近代金融体系形成。

（二）改革开放后中西交流与影响

世界近现代经济思想和金融文化对我国金融业发展的又一次大的影响发生在 1978 年改革开放之后。

20 世纪 80 年代，我国开启改革开放进程，金融体系实行了大范围的改革，政府通过制度供给主导了这场前所未有的改革。在初期，金融机构改革开始以世界发达国家现代金融体系为模板推进，鼓励"摸着石头过河"，但一直在计划与市场之间摆动，引致了金融改革"一放就乱，一收就死"现象[①]。1992 年，我国确定实施社会主义市场经济体制改革，1993 年国务院发布《关于金融体制改革的决定》，此后我国金融改革在不断进行的顶层设计中前进，基本目标和方向都非常明确。随着社会主义市场经济体制改革和金融体制改革的逐步深入，我国金融体系基本完成由计划金融向市场金融转型，国有银行等金融机构由专业化转向商业化，监管体制由中国人民银行的统一监管转型为银监会、证监会、保监会三足鼎立的分业监管。具有现代意义的货币市场、证券市场、

---

① 姚遂，等. 中国金融史［M］. 北京：高等教育出版社，2022.

外汇市场和黄金市场逐步开放。一批市场化、股份制、合资金融机构成立，随之而来的发达国家现代金融机构的金融文化也影响了中资金融机构的金融文化。

二十世纪八九十年代，我国经济界处于一个思想解放时期，新的经济建设迫切需要借鉴发达国家的经验，欧美国家和日本成为我们最主要的学习对象。八十年代的中国重启了大规模引进和学习西方经济学的历程，开始寻找社会主义旗帜下全新的经济发展道路。实施社会主义市场经济体制改革后，我国经济界向市场经济发达国家学习的热潮更加高涨。这个时期，国际上社会主义阵营瓦解，中国思想界也处于文化转型之中。传统文化与现代文化的碰撞，西方文化与中国文化的碰撞，计划经济文化与市场经济文化的碰撞，使这一时期成为我国文化史上思想极为活跃的时期。在金融界，向西方发达国家学习先进金融理论和思想的热情很高，中国各高校多以欧美金融学体系开设相关课程，系统学习金融市场理论、投资组合理论等。中美、中欧、中日之间的经济学交流日益频繁，大量的中国留学生到国外留学攻读经济学、金融学，学成之后回国成为经济学界和金融界的中坚力量，国有金融机构很多高级管理人员曾在外资金融机构任职。

改革开放之后，世界近现代先进经济思想和金融文化对我国金融界的影响是有史以来最为深刻的一次，也是一次相当有深度的"补课"。转型后的金融业形成了适应中国特色社会主义市场经济的体制机制，伴随了中国经济发展奇迹的历史进程，为中国经济的腾飞作出了历史性贡献。

（三）中华文化立场与交流互鉴

中华文化立场命题是在党的十九大报告中提出的，是中国特色社会主义文化的重要内容之一。党的十九大报告指出："发展中国特色社会主义文化，就是以马克思主义为指导，坚守中华文化立场，立足当代中国现实，结合当今时代条件，发展面向现代化、面向世界、面向未来的，民族的科学的大众的社会主义文化，推动社会主义精神文明和物质文明协调发展。"

基于这段阐述，我们理解建设中国特色社会主义文化需要注意四个关键点：一是坚持马克思主义；二是坚守中华文化立场；三是立足中国现实；四是"三个面向"。作为中国特色社会主义的一部分，中国特色金融文化培育也需要坚持以上几点，尤其要处理好中华文化立场和"面向世界"的关系。

首先要明确的是，坚守中华文化立场，要恪守中华文化的主体性，维护中华文化的民族性，传承中华优秀传统文化。坚守中华文化立场，还要坚持中华文化的马克思主义立场和社会主义文化发展方向。坚守中华文化立场，不仅要"内修于心"，还要"外修于形"，要用中国方式展现中华文化。党的二十大报告指出："坚守中华文化立场，提炼展示中华文明的精神标识和文化精髓，加快构建中国话语和中国叙事体系，讲好中国故事、传播好中国声音，展现可信、可爱、可敬的中国形象。"坚守中华文化立场，是一种文化自信。在中国特色金融文化培育中，同样也要坚守文化立场，这是经过历史验证的结论，是一个必须坚守的原则。在前述讨论中，我们已经对此有明确的阐述。

虽然我们在实现民族复兴的道路上可能要面临长期的中西价值观冲突，但坚守文化立场，并不意味着排斥人类共同价值追求。只有坚持面向世界，坚持交流互鉴，才能使中国特色社会主义文化真正立足于世界文化之林。

中国特色社会主义文化是一个不断探索的过程。中华文明与中华传统文化是在融合中不断发展而来的，中国特色社会主义文化也离不开这一过程。习近平总书记 2019 年 5 月在亚洲文明对话大会开幕式上的主旨演讲中指出，中华文明是在同其他文明不断交流互鉴中形成的开放体系。从历史上的佛教东传、"伊儒会通"，到近代以来的"西学东渐"、新文化运动、马克思主义和社会主义思想传入中国，再到改革开放以来全方位对外开放，中华文明始终在兼收并蓄中历久弥新。[①] 借鉴和吸收世界优秀的思想和文化，融通交汇，使中华文化得以

---

① 新华网 . 习近平在亚洲文明对话大会开幕式上的主旨演讲（全文）[EB/OL].http: //www.xinhuanet.com/politics/leaders/2019-05/15/c_1124497022.htm，2019-05-15.

生生不息。我党在坚持马克思主义和社会主义发展文化道路的基础上，坚持文化的兼容并蓄，探索形成了不同于以往形态的中国特色社会主义文化。所以，走中国特色的发展道路，不是要排斥共性和普遍性的东西。这在全球化与人类命运共同体框架下尤其重要。走中国特色发展道路，我们依然要追求以和平、发展、公平、正义、民主、自由为内容的"全人类共同价值"①。

　　在经济金融领域，同样要处理好坚守文化立场和交流互鉴的关系，要处理好坚持中国特色和借鉴西方的关系。习近平总书记在 2015 年谈到当代中国马克思主义政治经济学时指出："我们坚持马克思主义政治经济学基本原理和方法论，并不排斥国外经济理论的合理成分。西方经济学关于金融、价格、货币、市场、竞争、贸易、汇率、产业、企业、增长、管理等方面的知识，有反映社会化大生产和市场经济一般规律的一面，要注意借鉴。"② 我国金融事业是在不断学习世界经济思想和金融理论的基础上不断发展的，我国的金融文化也是在不断融合之后形成的。从积极培育中国特色金融文化这个命题看，未来我们仍然需要坚持交流互鉴。现代金融起源于欧洲，发达于美国，西方发达国家仍有很多优秀的金融文

---

　　① 2015年9月28日，习近平主席出席第70届联合国大会一般性辩论并发表重要讲话，郑重提出，"和平、发展、公平、正义、民主、自由，是全人类的共同价值"。

　　② 习近平.不断开拓当代中国马克思主义政治经济学新境界［J］.求是，2020（16）.

化值得我们借鉴和学习，如法治精神、契约精神、创新精神、专业精神等。强调中国特色金融文化，并不是要排斥金融发展体系中一些共有的价值观念，也不是要排斥学习其他文化体系中有价值的部分。

保守封闭导致落后，交流互鉴才能进步。封闭的文化环境，可能形成文化孤岛，最终扼杀文化发展和文明进步。2017年中共中央办公厅、国务院办公厅印发的《关于实施中华优秀传统文化传承发展工程的意见》重点突出中华优秀传统文化传承问题，但其中仍将"坚持交流互鉴、开放包容"作为基本原则之一，提出要以我为主、为我所用，取长补短、择善而从，既不简单拿来，也不盲目排外，吸收借鉴国外优秀文明成果，积极参与世界文化的对话交流，不断丰富和发展中华文化。习近平总书记2019年5月在亚洲文明对话大会开幕式上的主旨演讲中指出，一切生命有机体都需要新陈代谢，否则生命就会停止。文明也是一样，如果长期自我封闭，必将走向衰落。交流互鉴是文明发展的本质要求。只有同其他文明交流互鉴、取长补短，才能保持旺盛生命活力。①

我国金融文化的形成，在历史上得益于开放和学习，在未来也离不开与世界交流互鉴。我国金融改革和高水平对外

---

① 新华网.习近平在亚洲文明对话大会开幕式上的主旨演讲（全文）[EB/OL].http: //www.xinhuanet.com/politics/leaders/2019-05/15/c_1124497022.htm，2019-05-15.

开放是大势所趋，以制度型开放为重点推进金融高水平对外开放是业界关注的焦点。制度型开放，要在规则、制度、管理、标准等方面与高标准国际规则接轨，必然也要在金融文化建设上实现交流互鉴、各美其美的格局。

第三章

中国特色金融文化的思想指引与基石理念

导读：文化体系是长期演化的结果，但也需要主动构建的努力。中国特色金融文化体系的构建，有一个明确的思想指引，即习近平文化思想及习近平关于金融工作重要论述。在这个思想指引之下，关于中国特色金融发展之路的基本立场、观念和方法，构成了中国特色金融文化的基本理念。在这些基本理念中，其中有三个方面具有基石性作用，即坚持党的领导、以人民为中心、服务实体经济。这三个理念反映中国特色金融发展之路的本质属性，所以可称为中国特色金融文化的"基石理念"。

一、思想指引

中国特色金融文化的思想指引是习近平文化思想及习近平关于金融工作重要论述。这两个部分是习近平新时代中国特色社会主义思想的文化篇和金融篇，在金融文化这个范畴形成交集，共同构成中国特色金融文化体系的思想指引，是一个统一的整体。

（一）习近平文化思想

中国特色社会主义文化是中国特色金融文化的文化母体。中国特色社会主义文化建设的指导思想——习近平文化思想，同时也是中国特色金融文化体系的思想指引。

习近平文化思想是在马克思主义文化理论基础上、在社会主义文化建设实践中形成的理论总结，是习近平新时代中国特色社会主义思想的重要组成部分和文化篇。习近平文化思想既有文化理论观点上的创新和突破，又有文化工作布局上的部署要求，明体达用、体用贯通，是我国社会主义文化建设的理论指针。

习近平文化思想论述涉及文化建设的方方面面，主要包括意识形态、哲学社会科学建设、社会主义核心价值观、思想道德建设、以人民为中心的文艺创作、文化事业与文化产业、文化强国、国家软实力等领域。习近平文化思想体系继承并丰富了马克思主义文化理论，包含很多重大创新观点，并就文化建设的战略部署与谋划形成了全面系统的任务书和"工作手册"。习近平文化思想的创新观点主要有：坚持党的文化领导权；推动物质文明和精神文明协调发展、"两个结合"；坚定文化自信；培育和践行社会主义核心价值观；掌握信息化条件下舆论主导权、广泛凝聚社会共识；坚持以人民为中心的工作导向；保护历史文化遗产；构建中国话语和中国叙事体系；促进文明交流互鉴；等等。

习近平文化思想不仅能够指导中国特色社会主义文化建设，也能够直接指导中国特色金融文化培育。在培育中国特色金融文化过程中，需要特别重视习近平文化思想中的几个关键点。

第一，坚定文化自信。习近平总书记 2016 年在哲学社会科学工作座谈会上的讲话中指出："我们说要坚定中国特色社会主义道路自信、理论自信、制度自信，说到底是要坚定文化自信。文化自信是更基本、更深沉、更持久的力量。"① 文化

---

① 中共中央文献研究室．习近平关于社会主义文化建设论述摘编［M］．北京：中央文献出版社，2017.

自信，就是要坚持走自己的文化发展道路。凡是彻底抛弃文化传统的民族或国家，最终都遗落在了历史的故纸堆中。在培育中国特色金融文化中坚定文化自信，就是要在金融文化建设中积极挖掘、传承中华优秀文化，要积极弘扬革命文化和社会主义先进文化，这是金融文化自信的基点；同时，也要通过文明交流互鉴来发展中国特色金融文化，学习世界先进思想和优秀金融文化，积极拥抱世界，这也是文化自信的体现。

第二，"两个结合"理论。习近平总书记指出："在五千多年中华文明深厚基础上开辟和发展中国特色社会主义，把马克思主义基本原理同中国具体实际、同中华优秀传统文化相结合是必由之路。这是我们在探索中国特色社会主义道路中得出的规律性认识。"①中央金融工作会议指出，党中央把马克思主义金融理论同当代中国具体实际相结合、同中华优秀传统文化相结合，是党的十八大以来领导金融工作取得的重要实践成果和理论成果之一。坚持马克思主义金融理论与中华优秀传统文化相结合，首先要坚定不移地坚持马克思主义金融理论，这是培育中国特色金融文化的基础。然后才是坚持与中华优秀传统文化相结合，这是培育中国特色金融文化的根本道路。文化是中国最大的实际，"第二个结合"更聚焦中国发展道路的原动力问题，是文化自信和文化自觉的必然选

---

① 习近平. 在文化传承发展座谈会上的讲话 [J]. 求是，2023（17）.

择，是中国特色社会主义发展理论的重要创新，是培育中国特色金融文化的重要理论依据之一。

第三，坚持文化领导权和文化主体性。习近平总书记指出："我们必须把意识形态工作的领导权、管理权、话语权牢牢掌握在手中，任何时候都不能旁落，否则就要犯无可挽回的历史性错误。"① 习近平总书记在文化传承发展座谈会上指出："对文化建设来说，守正才能不迷失自我、不迷失方向，创新才能把握时代、引领时代。守正，守的是马克思主义在意识形态领域指导地位的根本制度，守的是'两个结合'的根本要求，守的是中国共产党的文化领导权和中华民族的文化主体性。"② 在金融领域，坚持文化领导权，就是要坚持党在金融文化建设中的领导，坚持金融文化建设的社会主义底色和人民立场，中国特色金融文化培育是坚持党的文化领导权的具体体现。

第四，培育和践行社会主义核心价值观。习近平总书记指出："人类社会发展的历史表明，对一个民族、一个国家来说，最持久、最深层的力量是全社会共同认可的核心价值观。"③ "要加强社会主义核心价值体系建设，倡导富强、民主、文明、和谐，倡导自由、平等、公正、法治，倡导爱国、敬业、

---

① 中共中央文献研究室.习近平关于社会主义文化建设论述摘编［M］.北京：中央文献出版社，2017.

② 习近平.在文化传承发展座谈会上的讲话［J］.求是，2023［17］.

③ 习近平.青年要自觉践行社会主义核心价值观［N］.人民日报，2014-05-05.

诚信、友善，积极培育和践行社会主义核心价值观，使之成为全体人民的共同价值追求。"① 价值观是文化体系的中枢，所谓文化之争，往往就是价值观之争。所以，培育中国特色金融文化，核心是构建中国特色金融文化价值观，这需要以社会主义核心价值观为基础，结合金融行业特点，以"五要五不"为架构不断完善中国特色金融文化价值观。

第五，坚持以人民为中心的工作导向。以人民为中心是习近平文化思想的重要内容，坚持文艺创作要服务人民，反映人民生活。以人民为中心也是习近平新时代中国特色社会主义思想的重要内容，适用于所有领域。习近平总书记在党的二十大报告中指出："人民性是马克思主义的本质属性。"金融是经济活动，也具有社会属性，必须坚持马克思主义政治经济学的根本立场。在培育中国特色金融文化中要将人民放在理念塑造的核心，坚持以人民为中心的发展思想，在创新中为最大多数人创造财富机会，让人民享受经济发展和改革开放的红利。

（二）习近平关于金融工作重要论述

习近平关于金融工作重要论述是习近平新时代中国特色社会主义思想的金融篇，也是习近平经济思想的金融篇。

---

① 中共中央文献研究室.习近平关于社会主义文化建设论述摘编［M］.北京：中央文献出版社，2017.

习近平关于金融工作重要论述是在马克思主义政治经济学理论和金融理论基础上的理论升华，是在马克思主义理论基础上结合中国实际、结合中华优秀传统文化总结得出的理论成果。中共中央党史和文献研究院编写出版的《习近平关于金融工作论述摘编》，系统梳理了习近平总书记近年来金融相关报告、讲话、说明、演讲等重要文献，集中反映了习近平总书记关于金融发展和金融工作的思想观点。这些思想观点在理论上具有创新性，既有对金融发展的本质和规律的总结，也有对金融实际工作的路径分析，对积极培育中国特色金融文化也具有直接的指导作用。

习近平关于金融工作重要论述对中国金融文化培育工作的思想指引作用，可从三个层面理解。

第一，关于金融发展、改革及战略等重大问题的思想，是培育中国特色金融文化的思想宝库。

习近平关于金融工作重要论述是一个严谨的思想体系。习近平关于金融工作重要论述范围涉及金融发展的一系列重大理论和实践问题，包括金融战略问题、金融发展问题、金融创新问题、金融改革问题、金融风险问题、金融文化问题等；提出了金融高质量发展、中国特色金融发展之路、金融强国建设、中国特色金融文化等重要思想；关注了多个具有辩证关系的领域，指导人们在实际工作中客观认识金融活动的本质，采用正确的工作方法。如金融与经济的关系，创新与风险的关系、守正与创新的关系、发展和安全的关系、稳和进的关系、法治和德治的关系，等等。

第二，关于中国特色金融发展之路的相关论述，直接构成了中国特色金融文化的基本理念。

习近平总书记在中央金融工作会议上强调"坚定不移走中国特色金融发展之路"并提出"八个坚持"的基本内涵。中央文献出版社出版的《习近平关于金融工作论述摘编》分为 10 个专题，除了"推进金融高质量发展，加快建设金融强国"和"积极培育中国特色金融文化"两个专题，其余 8 个专题均按照习近平总书记提出的关于中国特色金融发展之路的"八个坚持"为主题设置，可见"八个坚持"在习近平关于金融工作重要论述思想体系中具有重要的核心地位。关于中国特色金融发展之路的相关论述是习近平关于金融工作重要论述的核心内容，"八个坚持"的每一条内容都是关于我党对金融工作的基本立场和观点，也是中国特色金融文化的基本理念。以这些论述为核心理念理解新时代我国金融发展战略问题，能起到"纲举目张"的作用。

第三，关于中国特色金融文化的重要论述，是培育中国特色金融文化工作的工作指南。

习近平总书记关于中国特色金融文化的重要论述是习近平关于金融工作重要论述的重要内容之一。习近平总书记在不同场合阐述过文化、道德、诚信、社会主义核心价值观、社

会责任等与企业家及企业发展的关系。他曾明确指出过 2008
年金融危机背后的道德危机问题，他说："2008 年爆发的国
际经济金融危机告诉我们，放任资本逐利，其结果将是引发
新一轮危机。缺乏道德的市场，难以撑起世界繁荣发展的大
厦。"①2022 年春节前夕，习近平总书记赴山西看望慰问基层
干部群众时强调："要坚定文化自信，深入挖掘晋商文化内涵，
更好弘扬中华优秀传统文化，更好服务经济社会发展和人民
高品质生活。"②习近平总书记的这个重要指示，已经充分体现
了中华优秀传统文化与金融文化培育相结合的重要性。2023
年习近平总书记在中央金融工作会议和省部级主要领导干部
推动金融高质量发展专题研讨班上两次明确提出要培育中国
特色金融文化，提出了"五要五不"的具体要求，这已经成
为中国特色金融文化培育工作的行动指针。

二、基石理念之一：坚持党的领导

（一）首要立场与金融工作的"政治性"

坚持党的领导，就是要"坚持党中央对金融工作集中统一

---

① 中共中央党史和文献研究院.习近平关于金融工作论述摘编［M］.北京：中央文献
出版社，2024.

② 中共中央党史和文献研究院.习近平关于金融工作论述摘编［M］.北京：中央文献
出版社，2024.

领导"。中央金融工作会议用"八个坚持"集中概括了中国特色金融发展之路的基本要义，其中"坚持党中央对金融工作的集中统一领导"居于"八个坚持"之首。所以，坚持党的领导是中国特色金融发展之路的政治保证，是中国特色金融文化体系中的首要理念，更是走中国特色金融发展之路的首要立场。

坚持党中央对金融工作的集中统一领导，是金融事业取得重大成就的宝贵历史经验，是金融事业永葆社会主义底色的根本所在，是金融事业行稳致远长治久安的必然要求[①]。我们这里围绕这三个方面，来认识将坚持党的领导作为中国特色金融文化基石理念的重要性。

第一，坚持党的领导，基于红色金融根基的筑造与历史经验证明。

中国共产党成立后，以马克思列宁主义为指导思想，制定了党进行民主革命的最低纲领，以及实现社会主义和共产主义的最高纲领，为中国的革命斗争指明了方向，为开展政治、经济和文化各领域的革命提供了基本指南。中国共产党在建党之初就积极领导在农村开展针对高利贷等剥削现象的金融工作。1922 年 12 月，中共中央在《中国共产党对于目前实际问题之计划》中提出"组织农民借贷机关"和实行低

---

① 中央金融委员会办公室，中央金融工作委员会理论学习中心组.坚持党中央对金融工作的集中统一领导——学习《习近平关于金融工作论述摘编》[N].人民日报，2024-04-16.

息借贷的建议 [①]。根据中共中央的部署，第一次国内革命战争时期，全国各地建立了一批农民银行和信用合作社。在土地革命和抗日战争、解放战争时期，中国共产党更是牢牢将金融工作的领导权掌握在手中。党通过制定发布政策，直接组织建立金融机构，建立有效的货币金融体系，领导开展与国民党反动派和日本帝国主义的金融战，开辟了新民主主义革命时期金融事业新天地。中华人民共和国成立后，在党的直接领导下接管、改组官僚金融资本，组织了"银元之战""米棉之战"，打击投机资本，有效平抑物价，稳定了经济秩序。随后迅速建立了统一的法定货币制度，建立了独立自主的货币金融体系。改革开放以后，中国共产党领导金融体制改革，推动了金融机构体系和金融市场体系的初步形成。党中央领导金融体系积极应对两次重大的国际金融危机的冲击，稳定了金融秩序和经济发展局面。党中央先后六次召开全国金融工作会议（中央金融工作会议），研究金融工作重大问题，指明金融工作正确方向。党的十八大以来，在以习近平同志为核心的党中央坚强领导下，果断采取措施防范金融风险，推动金融脱虚向实，更好服务实体经济，基本建成了与中国特色社会主义相适应的现代金融市场体系。

---

① 中国金融思想政治工作研究会.中国红色金融史［M］.北京：中国财政经济出版社，2021.

历史实践证明，在金融工作中坚持党的领导具有极端重要性。中国共产党在百年发展历程中重视金融工作，把握金融工作方向，筑造了红色金融的根基，开辟了社会主义金融事业和中国特色金融发展之路，是我国金融发展最重要的政治保障。

第二，坚持党的领导，是把握金融工作政治性和保持社会主义底色的需要。

坚持党的领导，是习近平新时代中国特色社会主义思想的首要内容。2021 年 11 月 11 日，中国共产党第十九届中央委员会第六次全体会议审议通过的《中共中央关于党的百年奋斗重大成就和历史经验的决议》用"十个明确"对习近平新时代中国特色社会主义思想的核心内容作进一步概括，其中首要明确就是：明确中国特色社会主义最本质的特征是中国共产党领导，中国特色社会主义制度的最大优势是中国共产党领导，中国共产党是最高政治领导力量，全党必须增强"四个意识"、坚定"四个自信"、做到"两个维护"。

所以，在习近平新时代中国特色社会主义思想指引下开展各领域实际工作，一定要把坚持党的领导放在首位。习近平总书记在中央金融工作会议上提出，要"深刻把握金融工作的政治性、人民性"。政治性和人民性，是中国特色金融发展之路的两个事关方向的大问题。把握金融工作的政治性，首先要坚持党的领导。中央金融工作会议提出的"八个坚持"表达了中国特色金融发展之路的基本立场，是中国特色金融文化的基本理念。在"八个坚持"中，"坚持党中央对金融工作的集中统一领导"居于"八个坚持"之首，所以，坚持党的领导也是走中国特色金融发展之路的首要立场。

在金融工作中坚持党的领导，才能确保金融改革发展保持社会主义底色，助力完善和发展中国特色社会主义制度。中国共产党的性质决定了金融改革沿着社会主义方向进行，决定了我们的金融发展之路是社会主义金融发展道路。

第三，坚持党的领导，是新发展阶段新形势下金融事业行稳致远长治久安的必然要求。

我国已经进入新发展阶段，高质量发展是新发展阶段的主题。党的二十届三中全会指出，进一步全面深化改革的总目标是继续完善和发展中国特色社会主义制度，推进国家治理体系和治理能力现代化；高质量发展是全面建设社会主义现代化国家的首要任务。三中全会指出，进一步全面深化改革的原则之一是"坚持党的全面领导"。

在经济和金融方面，习近平总书记2013年12月在中央经济工作会议上就强调："加强党对经济工作的领导，全面提高党领导经济工作水平，是坚持民主集中制的必然要求，也是我们政治制度的优势。"① 习近平总书记在2017年全国金融

---

① 中共中央党史和文献研究院. 习近平关于金融工作论述摘编［M］.北京：中央文献出版社，2024.

工作会议上强调："我国金融改革发展面临的任务十分繁重，金融工作在经济社会发展中的作用日益增强。做好新形势下金融工作，必须加强党对金融工作的领导。"① 当前，在百年未有之大变局形势下，强国建设与民族复兴任务艰巨，金融肩负重大使命，但金融发展形势又极为严峻，没有党的坚强领导，很难保证金融发展的正确方向。只有坚持党中央对金融工作的集中统一领导，才能将政治优势、制度优势转化为金融治理效能，克服可能出现的各种困难，防范可能出现的重大金融风险，保障国家金融安全。

（二）坚持党的领导，夯实坚固基石

坚持党的领导这一理念在中国特色金融发展之路这一战略中具有重要地位，在中国特色金融文化体系中也同样具有重要地位。坚持党的领导，体现了中国特色金融文化的鲜明特色。在实际工作中，应坚决贯彻坚持党的领导这一理念，在思想上要深刻领悟"两个确立"的决定性意义，增强"四个意识"、坚定"四个自信"、做到"两个维护"，让中国特色金融文化理念系统具有最为坚实的基石。

第一，坚持党的领导，要坚决贯彻党中央决策部署，拥护金融监管改革。根据中共中央、国务院印发的《党和国家

---

① 习近平.论坚持党对一切工作的领导［M］.北京：中央文献出版社，2019.

机构改革方案》，组建中央金融委员会和中央金融工作委员会，负责金融稳定和金融发展的顶层设计，这是从制度层面加强和保障党中央对金融工作和国家金融安全的集中统一领导。根据部署，我国地方金融监管体制改革推向深入，地方党委金融委和金融工委组建并开始承担主体责任。这一工作是重构金融治理体系的工作，也是重构金融治理理念和监管理念的过程。重构金融治理理念和监管理念，意味着金融文化建设的主体责任也需要调整。

第二，坚持党的领导，要坚持党建工作与培育中国特色金融文化相结合。一方面，以党建促进培育金融文化。发挥党建引领和党员示范作用，在以党建带动思想政治工作的同时，要以党建培育良好的风气，以党建推动金融法治工作，推动法治和德治相结合的金融治理模式。另一方面，以培育中国特色金融文化强化党建工作，践行社会主义核心价值观，传承中华优秀传统文化和红色金融文化，加强党风廉政建设，加强理想信念教育、党性教育，强化全面从严治党。

第三，坚持党的领导，要坚决贯彻党中央制定的金融发展战略。中国特色金融文化培育的重要原则之一是维护公共利益，重视金融的社会属性，坚持公平与正义的伦理追求。坚持党的领导，就要坚持发挥党在金融文化培育的导向作用，以金融服务国家战略，实现"金融报国"。要服务区域协调发展战略，服务乡村振兴战略，服务共同富裕战略，为社会公平作贡献。坚持党的领导，最务实的工作就是要切实执行党在金融方面的工作部署，尤其要以金融供给侧结构性改革为主线，服务好实体经济，防控金融风险，推动金融改革。

三、基石理念之二：以人民为中心

（一）人民至上与金融的"人民性"

"坚持人民至上"是习近平新时代中国特色社会主义思想中的重要思想观点。在金融工作领域"坚持以人民为中心的价值取向"，"坚持以人民为中心的发展思想"，即以人民为中心的发展思想和价值取向，是人民至上的具体体现。

习近平总书记在中央金融工作会议上强调要深刻把握金融工作的政治性、人民性。在金融工作中坚持以人民为中心的价值取向，就是坚守金融工作的人民性。以人民为中心的理念是我国金融文化理念与其他金融文化体系的根本区别之一。

金融工作为什么必须坚持以人民为中心的发展思想和价值取向？

第一，是中国共产党的根本宗旨和红色金融的历史经验决定的。

以人民为中心的发展思想和价值取向，是中国共产党根本宗旨的体现。中国共产党始终来自人民、服务人民、依靠人民、为了人民。中国共产党从成立伊始，就将为中国人民谋幸福、为中华民族谋复兴作为己任。全心全意为人民服务是中国共产党的根本宗旨，这一宗旨在党的七大就被写入《中国共产党党章》。"全心全意为人民服务"是中国新民主主义革命时期形成的革命文化的精髓和灵魂，成就了建党、建军、建国和建设社会主义的伟大事业。习近平总书记在纪念毛泽东同志诞辰 120 周年座谈会上的讲话中强调，全心全意为人民服务，是我们党一切行动的根本出发点和落脚点，是我们党区别于其他一切政党的根本标志。①

全心全意为人民服务也是我国红色金融事业的宗旨。在新民主主义革命时期，我党开拓红色金融事业，始终坚持为人民服务的宗旨。我党创建的红色金融机构，主要服务于根据地的农民和劳苦大众，提供低息、无息贷款。不仅积极扶助生产，还帮助百姓渡过生活上的难关。红色金融机构辗转各地，重视信用和信誉，保障老百姓利益。进入社会主义建设时期，我国金融事业始终以"为人民服务"为宗旨。历史经验证明，只有以人民为中心，我们的金融事业才有价值，才有生命力。

第二，是习近平新时代中国特色社会主义思想和习近平

---

① 新华网.习近平：在纪念毛泽东同志诞辰 120 周年座谈会上的讲话［EB/OL］.http：//www.xinhuanet.com/politics/2013-12/26/c_118723453.htm，2013-12-26.

经济思想的要求决定的，是人民至上思想的必然要求。

习近平新时代中国特色社会主义思想是马克思主义中国化的理论体现，是中国特色社会主义建设的思想指针，"人民至上"是习近平新时代中国特色社会主义思想的重要思想观点。

在经济工作领域，"以人民为中心的发展思想"体现了习近平新时代中国特色社会主义思想中的"坚持人民至上"思想。2015年10月26日至29日，党的十八届五中全会通过《中共中央关于制定国民经济和社会发展第十三个五年规划的建议》，《建议》强调："必须坚持以人民为中心的发展思想，把增进人民福祉、促进人的全面发展作为发展的出发点和落脚点，发展人民民主，维护社会公平正义，保障人民平等参与、平等发展权利，充分调动人民积极性、主动性、创造性。"2015年11月23日，习近平总书记在主持中共中央政治局就马克思主义政治经济学基本原理和方法论进行第二十八次集体学习时指出："发展为了人民，这是马克思主义政治经济学的根本立场。""这一点，我们任何时候都不能忘记，部署经济工作、制定经济政策、推动经济发展都要牢牢坚持这个根本立场。"[1]2022年2月，习近平总书记在十九届中央全面深化改革委员会第二十四次会议上的讲话中指出："要始终

---

① 习近平. 不断开拓当代中国马克思主义政治经济学新境界［J］.求是，2020（16）.

坚持以人民为中心的发展思想，推进普惠金融高质量发展，健全具有高度适应性、竞争力、普惠性的现代金融体系，更好满足人民群众和实体经济多样化的金融需求，切实解决贷款难贷款贵问题。"①

在习近平新时代中国特色社会主义思想指引下，要坚持以人民为中心，经济发展为了人民，经济增长为了人民，要首先树立为人民谋幸福的理念。坚持以人民为中心，是习近平经济思想的逻辑起点。②经济是肌体，金融是经济的血脉，是经济活动的核心。发展金融不能以资本为中心，人民才是开展金融工作的出发点。

第三，是中国特色社会主义新时代的社会主要矛盾决定的。

自党的十八大开始，中国特色社会主义进入新时代。这个新时代有新的特征，有新的使命、任务和战略目标。党的十九大报告指出："中国特色社会主义进入新时代，我国社会主要矛盾已经转化为人民日益增长的美好生活需要和不平衡不充分的发展之间的矛盾。"这个重大论断揭示了我国社会主要矛盾发生的历史性变化，是新时期把握发展新要求、制定

---

① 中共中央党史和文献研究院.习近平关于金融工作论述摘编［M］.北京：中央文献出版社，2024.

② 杨伟民.关于习近平经济思想若干重大理论观点的思考［J］.习近平经济思想研究，2024（02）.

国家新战略的重要依据。满足人民日益增长的美好生活需要是未来所有发展问题中要关注的核心问题，是以人民为中心的价值取向的最大体现。习近平总书记指出，要坚持人民主体地位，顺应人民群众对美好生活的向往，不断实现好、维护好、发展好最广大人民根本利益，做到发展为了人民、发展依靠人民、发展成果由人民共享。[1]

以人民为中心的发展思想和价值取向，反映了作为中国共产党根本政治立场的"人民立场"。[2]正如《中共中央关于党的百年奋斗重大成就和历史经验的决议》指出的，"党代表中国最广大人民根本利益，没有任何自己特殊的利益，从来不代表任何利益集团、任何权势团体、任何特权阶层的利益"。在中国特色社会主义新时代，中国共产党依旧要以人民为中心，以人民的利益为利益，为满足人民日益增长的美好生活需要而不断奋斗。

如何满足人民日益增长的美好生活需要？这是我党在中国特色社会主义新时代治国理政的核心问题，也是金融发展要面临的重要命题。金融发展必须始终坚持以人民为中心，

---

[1] 习近平在省部级主要领导干部学习贯彻党的十八届五中全会精神专题研讨班上的讲话 [N].人民日报，2016-01-18.

[2] 2017年7月1日，习近平总书记在庆祝中国共产党成立95周年大会上的讲话中指出："人民立场是中国共产党的根本政治立场，是马克思主义政党区别于其他政党的显著标志。"

坚决执行党和国家制定的相关战略和政策，为满足人民日益增长的美好生活需要提供高质量金融服务。

（二）胸怀国之大者　谱写人民金融华章

坚持以人民为中心的发展思想和价值取向，是走中国特色金融发展之路、建设金融强国的出发点和落脚点，也是中国特色金融文化体系建设的精髓。习近平总书记指出，以人民为中心的发展思想，不是一个抽象的、玄奥的概念，不能只停留在口头上、止步于思想环节，而要体现在经济社会发展各个环节。[①] 以人民为中心，应胸怀国之大者，积极服务国家战略，满足人民金融需求，提高金融普惠性。

第一，金融要服务国家战略，尤其要切实服务共同富裕战略。

国家制定的区域协调发展战略、乡村振兴战略、共同富裕战略等，都是为了最大多数人民的公平和幸福。邓小平同志指出："社会主义的本质，是解放生产力，发展生产力，消灭剥削，消除两极分化，最终达到共同富裕。"[②] 习近平总书记指出："党的十八大以来，党中央把握发展阶段新变化，把逐步实现全体人民共同富裕摆在更加重要的位置上，推动区域

---

① 习近平在省部级主要领导干部学习贯彻党的十八届五中全会精神专题研讨班上的讲话 [N]. 人民日报，2016-01-18.

② 邓小平. 邓小平文选：第三卷 [M]. 北京：人民出版社，1993.

协调发展，采取有力措施保障和改善民生，打赢脱贫攻坚战，全面建成小康社会，为促进共同富裕创造了良好条件。现在，已经到了扎实推动共同富裕的历史阶段。""共同富裕是社会主义的本质要求，是中国式现代化的重要特征。"[1]

人民是金融发展价值取向的终点，发展金融应以人民的共同富裕为价值判断。应积极发挥金融的资源配置功能，推动服务于共同富裕的金融工具创新。着力推动金融服务基本公共服务均等化，服务农民农村共同富裕。实现共同富裕是实现精神生活与物质生活共同富裕的有机统一。要注意的是，应特别关注通过金融服务文化生产来实现人民群众的精神生活共同富裕。经过数十年艰苦奋斗，得来只有物质富裕而精神贫瘠的社会是我们所不能接受的，在共同富裕进程中忽视精神生活共同富裕是危险的[2]。

第二，切实满足典型群体多样化金融需求。

坚持"人民性"，应聚焦大众创新创业、贫困学生就学、老年人康养、新市民生活等需求场景和重点人群，这些人群可能没什么大的需求，都是些急难愁盼的小事，但就是解决这些小事能够充分体现人民性。应关注高校毕业生、技术工人、中小企业主和个体工商户、进城农民工、基层一线公务

① 习近平. 扎实推动共同富裕［J］. 求是，2021（20）.
② 金巍. 以文化金融促进精神生活共同富裕［M］// 杨涛. 金融创新：助力实现共同富裕. 北京：人民日报出版社，2022.

员及国有企事业单位基层职工等群体的金融需求，这是构成中等收入群体的主体，扩大中等收入群体是推动实现共同富裕的重要路径。继续推动金融服务好新市民，提高新市民金融服务可得性和便利性，切实增强新市民的获得感、幸福感、安全感。①

金融不仅要服务好客户，还要服务好社会。不仅要服务企业的生产需要，还要服务人民群众的生活需要。不仅要服务好高净值人群，还要服务好基层人民群众。金融行业应转变为以人民群众投资、理财需求为中心提供金融服务。应切实通过金融创新增加人民群众的财产性收入，使人民群众普遍享受改革开放带来的财富红利。中国的资本市场有两亿多投资者，资本市场改革和建设应以这些投资者为中心，而不是以融资者为中心。

第三，以普惠金融为突破点，提高金融普惠性。

习近平总书记指出："要始终坚持以人民为中心的发展思想，推进普惠金融高质量发展。"② 普惠金融是我国金融工作"五篇大文章"之一。2023 年 10 月，国务院发布《国务院关

---

① 根据原中国银保监会、中国人民银行《关于加强新市民金融服务工作的通知》的定义，新市民主要是指因本人创业就业、子女上学、投靠子女等原因来到城镇常住，未获得当地户籍或获得当地户籍不满三年的各类群体，包括但不限于进城务工人员、新就业大中专毕业生等，目前约有 3 亿人。

② 中共中央党史和文献研究院. 习近平关于金融工作论述摘编［M］.北京：中央文献出版社，2024.

于推进普惠金融高质量发展的实施意见》（国发〔2023〕15号），将小微经营主体可持续发展、乡村振兴国家战略有效实施、民生领域金融服务质量、绿色低碳发展四个方面作为普惠金融重点服务领域，要求健全多层次普惠金融机构组织体系、完善高质量普惠保险体系、提升资本市场服务普惠金融效能、有序推进数字普惠金融发展，同时要求着力防范化解重点领域金融风险、强化金融素养提升和消费者保护、提升普惠金融法治水平等。

普惠金融的重点服务领域是小微企业和个体工商户、"三农"、民生领域等。小微企业和个体工商户是数量最多的经营主体，是最具人民性的主体[①]，应着力提高金融服务对这类主体的覆盖率，全力帮助市场主体纾困发展。"三农"是国之根基，应结合乡村振兴战略和共同富裕战略，加强金融对乡村新经济和产业发展、文化乡建、生态保护与绿色低碳等领域的金融支持，推动农民消费信贷、农地生产经营信贷、专业合作社金融服务等。关注老年人、残疾人等群体的金融需求，加强数字普惠金融产品的易用性、安全性、适老性，缩小和消除"数字鸿沟"。

---

① 据统计，截至 2023 年 8 月，我国登记在册的小微企业、个体工商户达到 1.7 亿户，约占全部经营主体的 97%。其中个体工商户占经营主体总量的三分之二，支撑近 3 亿人就业。

四、基石理念之三：服务实体经济

（一）服务实体经济是金融发展的"底盘"

为什么金融必须服务实体经济？因为实体经济是金融发展的"底盘"，服务实体经济是金融的天职。

2017年，全国金融工作会议将服务实体经济作为金融工作三大任务之一。在这次会议上，习近平总书记用"天职""宗旨""本分""立业之本"等词语数次强调了"服务实体经济"在金融工作中的极端重要性。习近平总书记指出："金融是实体经济的血脉，为实体经济服务是金融的天职，是金融的宗旨，也是防范金融风险的根本举措。""为实体经济服务，满足经济社会发展需要，是金融的本分。""为实体经济服务是金融立业之本。"①此后，服务实体经济一直都是我国金融改革的重点方向，也是衡量金融改革成败的重要指标。

所以，走中国特色金融发展之路，必须要进一步明确金融与实体经济的关系。在经济与金融的关系中，我们通常强调金融对经济具有重要驱动作用（基于资本要素性），其实经济尤其是实体经济对金融的重要作用也需要明确，这有助于

---

① 中共中央党史和文献研究院.习近平关于金融工作论述摘编［M］.北京：中央文献出版社，2024.

我们理解为什么要将服务实体经济作为重要理念。

　　服务实体经济的理念，基于金融与经济之间的本质关系。经济是肌体，金融是血脉，两者向来密不可分，没有金融，经济将难以运转；没有经济，金融缺乏支撑。金融的诞生，是因为发展经济的需要。现代金融的兴起，也是因为服务实体经济的需要。金融具有经济属性和商业属性，基本目标是利润，但追求利润的基础是服务实体经济。金融通过为实体经济提供间接和直接融资以及其他金融服务来获利，而不是通过虚拟经济的"空转"。金融与实体经济失衡，是我国经济面临的"三大失衡"之一[①]，可见金融脱离实体经济之严重。

　　在西方经济学界，关于金融与实体经济之间的关系研究由来已久，这对我国把握经济与金融的关系具有一定的借鉴意义。但西方经济学未能有效解释"金融要更好服务实体经济"这一命题[②]。在实践中，西方金融脱离实体经济的倾向也越来越明显。西方金融文化在资本主义长期演化中已经脱离服务实体经济这个基本点。欧美金融业奉行自由主义、功利主义和实用主义，这种金融文化走了极端，就可能导致金融伦理严重缺失，也导致金融服务脱离实体经济，人们专注于

---

　　① 中国经济面临的三大结构性失衡为：实体经济结构性供需失衡、金融和实体经济的失衡，以及房地产和实体经济的失衡。见《论把握新发展阶段、贯彻新发展理念、构建新发展格局》，中央文献出版社2021年版，第135—136页。

　　② 董小君，于晓文.金融服务实体经济高质量发展：逻辑与路径［J］.行政管理改革，2024（01）.

财富积累，而忽视实体经济的实际需要。美国经济金融化倾向，使整个社会都幻想"从资本直接到资本的增值"，金融资产成为最重要的资产，虚拟化程度日渐加深。欧美向世界推销新自由主义、"华盛顿共识"及金融自由化，导致了很多发展中国家的金融脱实向虚、风险丛生。

美国正试图利用其世界金融强国的地位，通过转嫁风险来化解国内金融问题，但其他发达国家就没那么好的条件了，大多数国家将在脱离实体经济的金融陷阱中无法自拔。这对我们来说是需要警惕的前车之鉴。实体经济是国家经济的底盘，也是金融发展的底盘，没有实体经济，金融就是无根之木。促进金融发展，就要在实体经济与金融发展之间实现良性循环，要着力护住实体经济这个"底盘"。要切实将服务实体经济作为金融的天职和宗旨，将服务实体经济作为金融文化的基石性理念，这有助于我们把握金融发展的正确方向，护住金融发展的"底盘"。

（二）服务实体经济，拒绝金融虚假繁荣

不服务实体经济的金融繁荣，是虚假繁荣。习近平总书记说："经济是肌体，金融是血脉，两者共生共荣，缺少强健的实体经济支撑，金融繁荣只会是"'虚胖'。"① 践行金融服务

---

① 中共中央党史和文献研究院.习近平关于金融工作论述摘编［M］.北京：中央文献出版社，2024.

实体经济的理念,应从金融供给侧结构性改革、新质生产力、金融"五篇大文章"、耐心资本等多个着眼点下功夫。

第一,结合金融供给侧结构性改革主线,推动金融产品和服务创新。

2015 年 11 月,习近平总书记在中央财经工作领导小组第十一次会议上强调要"推进供给侧结构性改革",此后我国经济领域进行了全领域的供给侧结构性改革行动,金融领域也是如此。2019 年 2 月 22 日,习近平总书记在十九届中央政治局第十三次集体学习时提出"深化金融供给侧结构性改革",两个月后,2019 年 4 月 19 日,中央政治局召开会议分析研究当前经济形势和经济工作,提出"加快金融供给侧结构性改革"。

金融供给侧结构性改革是金融工作的主线,也是中国特色金融发展之路"八个坚持"理念的重要组成部分。服务实体经济,就要从金融供给侧着手,切实解决企业的融资难融资贵的问题。习近平总书记在 2017 年 7 月 14 日全国金融工作会议上指出:"为实体经济服务是金融立业之本。新形势下,金融业如何按照供给侧结构性改革的要求,以解决融资难融资贵问题为抓手,在修复我国经济失衡方面更好发挥作用,起到链接供求的桥梁和组织资源的作用,是一个必须破解的难题。"[1]

---

[1] 中共中央党史和文献研究院.习近平关于金融工作论述摘编[M].北京:中央文献出版社,2024.

金融的基本功能是链接资本的供求两端，实现资源有效配置。在供需矛盾之中，供给侧始终是矛盾的主要方面。深化金融供给侧结构性改革，主要是调整金融机构、金融产品、金融市场和基础设施的结构。需要建立健全分工协作的金融机构体系、多样化专业性的金融产品和服务体系、结构合理的金融市场体系以及安全有效稳定的金融基础设施体系。就实体经济而言，效果最为直接的就是要提供更加低成本、更有效率的金融产品和服务的供给。应加大力度创新政策工具、信贷工具，提高直接融资比例。应积极利用数字技术进步，发展数字金融，以科技赋能金融产品和服务创新，更好服务实体经济。

供给侧结构性改革的本质是体制机制改革。制度供给问题在供给侧结构性改革中始终是难点，也是重点。党的二十届三中全会在"深化金融体制改革"方面着墨较多，而且专门提出要完善金融机构定位和治理，健全服务实体经济的激励约束机制。如何推进金融服务实体经济的机制改革，仍是未来金融工作重中之重。

第二，助力发展新质生产力，服务战略性新兴产业和未来产业。

服务实体经济，金融要重点关注如何助力发展新质生产力。2023年9月，习近平总书记在黑龙江考察时提出"加快形成新质生产力"。此后，习近平总书记进一步阐释新质生产力的内涵与本质："新质生产力是创新起主导作用，摆脱传统经济增长方式、生产力发展路径，具有高科技、高效能、高质量特征，符合新发展理念的先进生产力质态。它由技术革命性突破、生产要素创新性配置、产业深度转型升级而催生，以劳动者、劳动资料、劳动对象及其优化组合的跃升为基本内涵，以全要素生产率大幅提升为核心标志，特点是创新，关键在质优，本质是先进生产力。"①

新质生产力理论是马克思主义政治经济学中国化的理论创新，落脚点在新发展阶段和新发展理念。与旧的生产力比较，新质生产力仍然强调创新起主导作用，但符合新发展理念的才是真正的新质生产力。单从科技创新而言，不是什么科技都是新质生产力，因为有些科技已经不符合创新、协调、绿色、开放、共享的新发展理念。新质生产力不是单纯的科技创新，而是包括技术创新、模式创新、管理创新和制度创新等多层面创新。我们看到的新质生产力，是一个生产力集束在高端层面的横切面。在新质生产力理论视野下，高质量发展、创新驱动、未来产业、绿色、共同体、新型生产关系等关键词形成一个全新的话语体系。所以，发展新质生产力，要坚持创新驱动发展战略，以高质量发展为首要任务，以战略性新兴产业和未来产业为抓手，服务实体经济发展。

金融助力发展新质生产力，关注经济发展的新动力，是

---

① 习近平.发展新质生产力是推动高质量发展的内在要求和重要着力点［J］.求是，2024（11）.

金融服务实体经济的精准落脚点。党的二十届三中全会审议通过的《中共中央关于进一步全面深化改革、推进中国式现代化的决定》提出："构建同科技创新相适应的科技金融体制，加强对国家重大科技任务和科技型中小企业的金融支持，完善长期资本投早、投小、投长期、投硬科技的支持政策。"金融服务科技创新，助力催生新产业、新模式、新动能，科技型创新型中小企业、高新技术企业、"专精特新"中小企业、独角兽企业、瞪羚企业等经营主体获得更好的发展，科技金融将开创新的局面。

金融服务实体经济的另一个落脚点是服务重点产业。服务战略性新兴产业和未来产业，是服务实体经济最实际的路径。战略性新兴产业包括新一代信息技术产业、高端装备制造产业、新材料产业、生物产业、新能源汽车产业、新能源产业、节能环保产业、数字创意产业、相关服务业等大领域。根据国家相关部门的定义，未来产业由前沿技术驱动，当前处于孕育萌发阶段或产业化初期，是具有显著战略性、引领性、颠覆性和不确定性的前瞻性新兴产业，包括未来制造、未来信息、未来材料、未来能源、未来空间和未来健康六大方向产业[1]。这些产业投资空间大，是良好的投资方向，难点

---

① 参见工业和信息化部等七部门关于推动未来产业创新发展的实施意见（工信部联科〔2024〕12号）。

是如何对早期小型企业和项目开展投融资服务。

第三，结合"五篇大文章"，锚定服务实体经济目标。

2023 年召开的中央金融工作会议指出要做好科技金融、绿色金融、普惠金融、养老金融、数字金融这五篇大文章。"五篇大文章"指明了金融发展具体而明确的重点领域。金融服务某一专门领域，形成特色金融业态，这是开展金融工作较容易把握的工作抓手。"五篇大文章"的提出为金融服务实体经济提供了指引。

科技金融是服务科技创新和科技产业的特色金融，服务国家创新驱动发展战略，服务发展新质生产力，支持以科技创新引领现代化产业体系建设；绿色金融服务生态文明建设和绿色低碳发展，同时做好转型金融工作，服务具有显著碳减排效益的产业和项目；普惠金融服务小微企业和"三农"，切实为广大市场主体提供优质金融服务；养老金融服务实体经济，建立服务养老产业及银发经济的金融供给体系；数字金融以数字化、智能化金融服务实体经济，着力实现金融服务便利性和竞争力。

"五篇大文章"服务实体经济，需关注几个重要环节：一是如何着力营造良好的货币金融环境；二是如何构建金融有效支持实体经济的体制机制；三是如何创新个性化、差异化、定制化金融服务与产品；四是如何围绕落实"两个毫不动摇"（毫不动摇巩固和发展公有制经济，毫不动摇鼓励、支持、引导非公有制经济发展），培育新型金融服务理念，为民营经济提供公平的金融服务。

第四，推进投资端改革，壮大耐心资本，切实服务实体经济。

2024 年 4 月 30 日，中共中央政治局召开会议。习近平总书记主持会议，分析研究当前经济形势和经济工作。会议强调，要积极发展风险投资，壮大耐心资本。此前，国务院国资委、中国证券监督管理委员会在相关会议中提出过"耐心资本"概念，但在最高决策层面提出"耐心资本"还是首次。

党中央高度重视实体经济的资本配置问题，对金融市场和资本市场的战略部署也逐步展开。2024 年 7 月，党的二十届三中全会审议通过的《中共中央关于进一步全面深化改革、推进中国式现代化的决定》指出要"发展耐心资本"，同时又指出要完善长期资本投早、投小、投长期、投硬科技的支持政策，在资本市场支持长期资金入市。这些都体现了党中央对调整我国资本市场投资文化和投资理念的重视。

壮大耐心资本，对国家战略和实体经济都有重要意义，是中国特色金融文化理念的重要体现。耐心资本是追求中长期投资目标的资本形态，在金融市场和资本市场具有压舱石的作用。我国已经进入新发展阶段，高质量发展是首要任务，需要一个能够与实体经济紧密绑定的资本供给机制，提出壮大耐心资本正是出于这样的战略考虑。耐心资本是一种长期资本和战略资本，可围绕国家战略目标和重点发展领域进行投资；耐心资本关注战略性新兴产业、未来产业等对国民经济具有重要意义的实体经济领域，注重长线投资，这有利于实体经济稳步高质量发展。

耐心资本的来源首先是社保基金、养老金，其次是国有产业投资基金以及具有长期投资理念的私募股权基金等。在当前发展新质生产力、追求高质量发展的新时期，需要支持更多资本转向耐心投资、长期投资和责任投资。应积极推动投资端改革，统筹协调融资端和交易端，建立耐心资本入市相关机制，壮大中长期资本规模。

五、其他重要理念：主线、路径与关系

在中国特色金融发展之路的"八个坚持"当中，除了前述三个基石理念，其他五个方面是更具金融活动特点的理念表达，体现了开拓中国特色金融发展之路的路径、方法和模式，在金融工作中都具有重要的指导作用。这五个方面包括一条主线（金融供给侧结构性改革）、两大路径（防控风险，推进创新）和两对关系（开放与安全，稳与进）。

第一，坚持把防控风险作为金融工作的永恒主题。这反映了我国金融发展的风险观，在中国特色金融文化价值观中

对应的是"稳健审慎"。防控风险是金融活动永恒主题，体现了金融业极强的特殊性。风险在金融业具有常态化、易触发、扩散快、影响大的特点。从改革开放以来我国金融经受住了几次大的考验，每次考验之后，经济体都被"剥一层皮"。习近平总书记在 2013 年中央经济工作会议上就指出："采取有效措施化解区域性和系统性金融风险。"此后，防控风险成为金融发展最重要的战略之一。近年来，我国金融体系发展壮大，但潜在的系统性风险仍然较大，如房地产、地方政府债务、实体经济高杠杆、产业资本金融化等领域。中央金融工作会议明确要求，对风险早识别、早预警、早暴露、早处置，健全具有硬约束的金融风险早期纠正机制。坚持把防控风险作为金融工作的永恒主题，要坚持"稳健审慎"的经营法则，不急功近利，牢牢守住不发生系统性金融风险的底线。

第二，坚持在市场化法治化轨道上推进金融创新发展。这反映了我国金融发展的创新观，在中国特色金融文化价值观中对应的是"守正创新"和"依法合规"。创新是金融业的主要活动形式，金融正是通过不断创新才能够完成资金融通、资源配置等功能。所以仍然要坚持鼓励创新，只不过要给创新划定红线，要处理好创新与市场、创新与监管的关系。习近平总书记在省部级主要领导干部推动金融高质量发展专题研讨班开班式上的讲话中强调："金融的安全靠制度、活力在市场、秩序靠法治。"①应坚持市场导向，充分发挥市场在金融资源配置中的决定性作用，市场化是金融创新的重要推动力，市场化轨道不能变，否则将走回计划时代的老路；法治化是金融创新的保障，创新要在风险可控、稳健审慎的前提下进行，保证金融创新在"守正"的轨道上进行。市场化与法治化相辅相成，市场经济也是法治经济。只有同时坚持市场化、法治化，金融创新才会最大限度发挥作用。

第三，坚持深化金融供给侧结构性改革。这反映了我党关于金融发展问题的矛盾观和辩证观。深化金融供给侧结构性改革是当前和今后一个时期金融工作的主线，坚持这条主线，就是抓住了矛盾的主要方面，牵住了"牛鼻子"。金融改革的出发点是如何更好服务实体经济，这就需要理顺金融服务中的供需关系。供需关系是金融市场的基本关系，供需矛盾是金融市场的主要矛盾。从现实中的实体经济服务实践看，要服务好实体经济，矛盾的主要方面在供给侧。市场结构失衡，产品结构不均，服务方向短视，制度供给不力，监管制度不完善，这些都直接导致了金融"脱实向虚"，脱离实体经济。所以围绕供给侧进行结构性改革就成为金融工作的主线。坚持深化金融供给侧结构性改革的理念，是我党在纷繁复杂

---

① 中共中央党史和文献研究院.习近平关于金融工作论述摘编［M］.北京：中央文献出版社，2024.

的矛盾中能够抓住关键的智慧体现，体现了坚持金融服务实体经济宗旨的执着信念。

第四，坚持统筹金融开放和安全。走中国特色金融发展之路，要处理好开放与安全的关系。这反映了我国金融发展的开放观和安全观。我们需要开放，需要与世界金融体系融合对接。我国金融的发展壮大，得益于改革开放以来的金融开放，得益于向世界学习先进经验。党的二十大报告指出，要"稳步扩大规则、规制、管理、标准等制度型开放"。我国金融开放已经进入制度性开放和高水平开放的新阶段。但我们也应看到，2008年爆发的金融危机危及了很多国家的经济安全，其原因是很多国家在盲目的开放中失去了金融的独立性，国家金融安全被控制在他人手中，教训深刻。所以要守住金融安全底线，严防系统性金融风险，严防国际金融竞争对我国造成系统性伤害。统筹金融开放与金融安全，要在安全中推进开放，在开放中寻求安全，两者不可偏废，这是我们在新时代发展金融需要坚持的重要理念。

第五，坚持稳中求进工作总基调。这反映我国金融发展的系统运行观、治理观。与坚持把防控风险作为金融工作的永恒主题的理念相呼应，在价值观中对应的也是"稳健审慎"价值观，但更强调原则性。稳中求进是我国经济和金融发展历程中取得的宝贵经验，也是新时代我国经济和金融发展的制胜法宝。走中国特色金融发展之路，要处理好"稳"和"进"

的关系。稳是稳定，进是发展，"稳"和"进"是对立统一的关系，处理好这对关系，是开拓中国特色金融发展之路的重要保障。坚持稳中求进工作总基调，反映了对金融发展本质和客观规律的科学认识，是我国推进高质量发展金融的重要理念。

第四章

金融价值观：核心文化力量

导读：本章要分享金融文化体系最重要的概念——价值观和金融价值观。在行动中人们作出何种选择，往往受到价值观的深刻影响。价值观是文化体系中的核心文化力量，能够起到中轴枢纽的作用。我们通过金融价值观的变迁，可以更全面认识金融价值观的内涵和影响，认识到当今重塑金融价值观的必要性。中国特色金融文化的价值观，要以习近平总书记提出的中国特色金融文化培育的"五要五不"为基本内容，这是新发展阶段重塑金融价值观的基础架构。

一、价值观与金融价值观

（一）什么是价值观及金融价值观？

人们常说的"三观"是世界观、人生观和价值观。在中国特色金融文化的文化体系和理念层面，价值观居于中轴地位。那么究竟什么是价值观？

价值观，又称价值观念，字面意思就是关于价值的观念。至于什么是"价值"，则有多种解释。总体上来讲，价值就是一种对某一主体（人或集体）产生的意义，有意义则有价值，无意义则无价值。在此基础上，人们对某事某物会形成"是"与"非"的判断，"是"则行，"非"则止。所以价值观表达对是非的看法，是基于人、事和行为，对各类事物"是否值得"作出的评价，人们根据这个判断和评价作出选择。不同的选择，反映人们不同的动机，反映不同的价值追求。

价值观判断往往基于一些对立或相对的一些概念，如诚信与欺诈，义与利，先进与保守、创新与守旧、合规与违规等。

价值观可分为个人层面价值观、群体价值观和社会价值观。个人层面价值观包括人生价值观、职业价值观等。群体的价值观是特定人群的价值观，构成群体文化、意识形态的主导与核心。社会层面的社会价值观是全社会认同的主流价值观，是包含个人和群体价值观的总和，往往得到国家和政府的支持。金融文化价值观是群体价值观，也是社会价值观的一个组成部分。

根据价值观的含义，我们可以认为金融价值观是人们在从事金融活动时所进行的关于意义的价值判断。金融价值观是金融文化的核心，反映了金融活动主体的基本理念。

关于"价值"，在经济和金融领域有更具体的目标，也有政治经济学范畴的解释，包括经济方面的资源配置效率、市场均衡、收益、利润等，社会意义的公平、正义、效率等。对这些"价值"的追求，应是金融价值观的底层逻辑。这些价值，即有"利"，也有"义"，所以金融义利观是金融价值观的核心。处理"义"和"利"的关系，一直都是金融领域最基本的价值观命题。

金融价值观是特定群体的价值观，但也能体现社会整体的文化背景和价值观。我国金融价值观与社会主义核心价值观就存在密切的关系。比如，社会主义核心价值观的诚信价值观、法治价值观等也是我国金融文化体系的价值观，诚信价值观是金融行业的底线价值观，法治价值观在金融行业体现为依法合规的价值观。

在金融学研究中，金融伦理学是最为接近金融价值观研究的学科。有学者认为，伦理是人们对道德问题在一般意义上形成的思考和概括，金融伦理的研究目标在于使人们明确金融活动和相关领域中的善恶价值取向，以及什么样的行为具有伦理道德意义上的正当性和合理性①。可见金融伦理主要聚焦"善恶"，偏重主观判断，而价值观聚焦"是非"，偏重客观标准。关于金融伦理问题，也有研究认为，金融伦理是一种基于道德要求的行为规范和行为准则，如博特赖特（John R. Boatright）在其《金融伦理学》中所说，伦理学要素可用福利、义务、权利、公平（公正）、诚信、尊严等六个概念来表述，金融伦理就是运用这些概念，"规定何为对错行为，或应该做什么"②。在他的论述中，金融伦理既是一种价值观，也是一种行为规范。

（二）价值观在文化体系中的地位

习近平总书记指出："价值观念在一定社会的文化中是起中轴作用的，文化的影响力首先是价值观念的影响力。""人类社会发展的历史表明，对一个民族、一个国家来说，最持久、最深层的力量是全社会共同认可的核心价值观。"③这一论断强调了价值观在文化体系中的重要性。

在文化冰山理论中，语言、仪式、服饰等这些外在的东西都是"水线以上的文化"，而理念、价值观等思想层面的东西是"水线以下的文化"，而后者才是文化的主体部分。理念、

---

① 马勇.金融伦理学［M］.北京：中国人民大学出版社，2023.

② ［美］约翰·R.博特赖特.金融伦理学［M］.王国林，译.北京：北京大学出版社，2018.

③ 中共中央文献研究室.习近平关于社会主义文化建设论述摘编［M］.北京：中央文献出版社，2017.

价值观等是无形的，是不容易变化的。在历史上，我国中原地区多次被少数民族政权占领，在文化的表面形式上也常被强制改变，但深层的文化理念和价值观从未改变，以至于最终都走向以华夏文化为主体的文化融合发展之路。可见，形式在本质面前，常常是孱弱的。

跨文化研究学者吉尔特·霍夫斯泰德（Geert Hofstede）认为："在众多描述文化表现形式的术语中，以下四个词合在一起可以简洁明了地涵盖文化的总体概念：符号、英雄、仪式和价值观。"[①] 这构成了他关于文化分层的"文化洋葱理论"，符号居于外层，英雄（人物）、仪式（包括"话语"）居中，价值观则居于"文化洋葱"的最深处。（见图4-1）

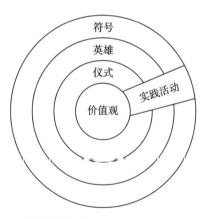

图4-1 文化洋葱图：不同深度层次的文化表现

（来源：吉尔特·霍夫斯泰德等《文化与组织：心理软件的力量》）

---

① ［荷］吉尔特·霍夫斯泰德，等.文化与组织：心理软件的力量（第二版）［M］.李原，孙健敏，译.北京：中国人民大学出版社，2010.

在美国文化学者埃德加·沙因（Edgar H. Schen）的组织文化结构研究中，最深层的价值观相关内容分为两层。最外层是可见的需要强制执行的组织结构和组织过程及可观察到的行为，中间层是信仰和价值观。在信仰和价值观的背后，是"深层假设"，是人们认为理所当然的、无意识的信仰和价值观。深层假设相当于我们前面阐述的"思想指引""基石理念"中所表达的思想和信仰。

纵观关于价值观的研究，以及实践中价值观的文化体系验证，可以认为，价值观是可以贯通文化体系中信仰、思想、使命、伦理、行为规范、行动目标等各个范畴的东西，是文化体系中的中轴。由于价值观与文化体系的紧密关系和体系重要性，价值观常被称为"文化价值观"。

在金融文化体系中，金融价值观也同样居于中轴地位。一方面，金融价值观是金融活动主体的信仰、使命、愿景等思想的反映；另一方面，价值观是金融活动主体的规制、规划、行为以及行动的指针，是开启实践的钥匙。

习近平总书记指出："如何提高整合社会思想文化和价值观念的能力，扩大主流价值观念的影响力，掌握价值观念领域的主动权、主导权、话语权，是我们必须解决好的重大课题。"①

---

① 中共中央文献研究室.习近平关于社会主义文化建设论述摘编［M］.北京：中央文献出版社，2017.

如何掌握价值观念领域的主动权、主导权、话语权对金融领域来说也具有重要意义。因为随着我国金融事业的发展和改革开放，我们将面临更为复杂的金融文化交流和交锋环境，金融价值观的战略地位也更为凸显。

（三）金融价值观的重要作用

价值观在文化体系中居于中轴地位，金融价值观是金融文化体系中的核心文化力量，在金融体系中具有非常重要的作用。

第一，共同的金融价值观是特定群体形成认同感和归属感的基础。价值观反映共同的信仰，人们因而形成不同于其他人群的共同体，一个家族、一个部族抑或一个民族。同样，一个金融组织或集体因为共同的价值观形成一个共同体，一个国家从事金融行业的人们也因为共同的金融价值观才形成一个共同体，这种作用在伊斯兰金融、日本金融等群体中非常明显。拥有共同价值观的人们，在从事金融活动时遵守共同的准则，有相同的信条，违反这些准则和信条的人，会被"出清"。共同价值观可以跨越因种族、民族等因素带来的文化差异，取得理念上的共识和最大公约数。这在一个国家、一支军队、一个公司、一个社团组织等中是如此，对一个金融机构来说也是如此。一个国家的共同价值观是通过教育、家庭、社区和社会制度，一代代传递和延续下来的；而一个金融机构的共同价值观，则可以通过英雄、仪式、业务创新、业绩长青来代代相传，形成持续发展的文化链条。

第二，共同的金融价值观是维系行业秩序、维护社会道德水平的关键力量。价值观不仅反映人们的世界观和人生观，也影响人们的行为选择。价值观对人们的动机模式具有导向和支配作用，在面对问题和挑战时，人们根据自己信奉的价值观选择道路或方法。所以，金融价值观能够影响个人和集体的选择、决策过程，培育正确的金融价值观，有利于形成维护行业秩序的强大约束力。价值观对人们的这种行为约束力，能够与法律共同形成合力，共同维护行业秩序和社会道德水平。在面对是非决策时，决定选择的可能是出于法律的威慑、可能因为亲情责任，但起决定性作用的是自己的价值观。党中央提出金融治理的法治和德治相结合的原则，是对价值观约束力作用的极大肯定。

第三，共同的金融价值观能够激发文化动力，推动金融高质量发展和金融强国建设。精神文化属于意识形态，对经济基础具有反作用，具体而言，在生产领域，文化具有能动性或驱动力作用。价值观是文化体系的核心，价值观的核心力量就是最大的文化动力。正确的义利观能够保障人们在经济和金融活动中维护多数人的利益，追求最大多数人的福祉；稳健审慎的价值观有利于培育长期稳定的金融体系和资本市场；守正创新的价值观能够把握金融发展的规律，引导金融创新向正确的方向发展……正确的价值观能够从多维度激发文化能量，助力金融高质量发展。从中国特色金融文化重大命题的战略视野上，培育共同的金融价值观有利于增强金融软实力，在世界金融舞台上与各类文化对话中发挥核心作用，展现金融强国力量。

二、西方金融价值观主要内容与反思

（一）西方金融价值观面面观

西方发达国家（主要指欧美发达国家）的金融文化深受西方哲学、宗教和法律传统的影响。自启蒙运动之后，人权、自由、平等成为西方文化体系的核心价值观。而在经济与金融领域，市场、竞争、自由、契约、产权、自治等都是这个文化体系的价值观关键词。

自由、权利和个人主义等价值观的形成受自由主义和新自由主义等思想的影响较大。法国哲学家狄德罗有一句名言："没有一个人从自然得到了支配别人的权利。自由是天赐的东西，每 个同类的个体，只要享有理性，就有享受自由的权利。"自由主义思想是人类文明的重要财富，在政治上主张限制政府权力，尊重个人自由与权利，在经济上强调市场竞争和私人企业的活力，认为个人的自由和私人财产权是经济繁荣的基础。自由主义是资本主义发展史上贯穿始终的主流意识形态，但在当代也遇到了挑战。二十世纪七八十年代以来盛行的新自由主义思想影响，反对凯恩斯主义和政府干预，崇尚自由放任的市场经济，在价值观上否定集体价值，个人利益至上。新自由主义的理论基础是个人主义，个人主义强调个人自由，鼓励独立决策，并对后果负责，这种价值观虽然能够促进市场创造力，但在金融市场中常常导致对风险的忽视。事实上，过度的个人主义价值观导致了集体性失控，风险日积月累，危机最终爆发。

推崇实效、以利益实现为道德准绳等价值观源于功利主义和实用主义哲学。欧洲功利主义哲学在十八世纪正式成为哲学系统，在欧洲经济、法律等领域影响广泛。功利主义哲学代表边沁说："最多人的最大幸福是衡量对与错的标准。"功利主义以实际功效或利益作为道德伦理标准，也引发在金融领域关于公平、正义的金融伦理学讨论。功利主义的金融，形成了以利润为中心的激励机制和追求效率的经营文化，将"最大幸福"作为金融伦理的道德准绳，但也因此导致个人追求上的拜金主义，行业性金融伦理缺失的倾向非常明显。美国金融文化受美国实用主义哲学影响较大。在实用主义哲学思想影响下，强调"有用即是真理"，以追求效率、注重实效为普遍价值观。

理性主义是欧美金融文化的重要价值观，强调理性思考和以行动解决问题。马克斯·韦伯在《新教伦理与资本主义精神》中指出，"天职"观念、"禁欲主义"和理性主义等伦理，使人们更加重视经济发展和社会进步。所谓天职是一种现世的责任和义务，"职业思想便引出了所有新教教派的核心教理：上帝应许的唯一生存方式，不是要人们以苦修的禁欲主义超越世俗道德，而是要人完成个人在现世里所处地位赋予他的责任和义务。这是他的天职"①。宗教改革对西方社会理性化过程起到了重要作用，但是当理性化成为社会与经济发展主导时，以"义务"为核心的"天职"观念转为经济驱动力，人们的行为开始因理性而远离文化精神。逐利的本质越来越凸显，"价值理性"转向"工具理性"，这就是马克斯·韦伯预言的"铁笼"生活。事实证明，近几十年的资本主义实践，欧美经济社会正在成为这种"铁笼"。

法治、诚信与契约精神是西方金融的重要价值观之一。在基督教人神立约传承与资本主义启蒙契约理论的支撑下，契约精神、尊重规则成为金融业的重要准则。此外，欧洲近现代法律制度体系的建立为西方金融文化奠定了法治文化的基础。启蒙运动和工业革命之后，政治脱离封建神权束缚，欧洲形成了以世俗法律制度和司法保障为基础的法治秩序。在大陆法系的民法秩序中，诚信原则是"帝王条款"，是民法基本原则，道德伦理范畴的诚信价值观得以在法律层面有所

---

① ［德］马克斯·韦伯.新教伦理与资本主义精神［M］.阎克文，译.上海：上海人民出版社，2018.

保障。西方契约理论为欧美法律制度的完善提供了依据，同时法律强化了私法领域的契约精神，遵守契约成为商业领域基本价值观，契约精神也成为西方经济和金融界的标签。但这种契约精神在近年来多起国际经贸冲突中也暴露出其"双标性"和"虚伪性"。

勇于创新、敢于冒险等价值观深受西方经济学思想的影响。经济学家约瑟夫·熊彼特在他的《经济发展理论》一书中提出了创新理论，认为，所谓创新就是要"建立一种新的生产函数"，即"生产要素的重新组合"。熊彼特的创新理论不仅包括技术创新，还包括产品创新、模式创新、市场创新等。创新理论在金融领域得到广泛应用，形成了金融创新理论，同时也孕育出创新价值观和创新精神。金融创新不仅促进了市场的发展和竞争力，还推动了经济的增长和效率。从新金融产品到技术应用的创新，都在不断地改变着金融市场的面貌，使其能够更好地适应经济和社会的变化。但过度金融创新也带来了严重的风险问题。

（二）落日之殇：西方金融价值观的世纪反思

20世纪末以来，西方世界金融市场危机频现，从繁荣到衰落，新自由主义最终走向穷途末路。世纪之交，欧美"金融丑闻"频发，典型案例有德崇证券案、巴林银行案、所罗门兄弟案、美林证券案、安然公司案等。安然事件是美国历史上最大的财务造假案，安然公司被美国证券交易委员会处罚并破产，当时五大会计师事务所之一的安达信因协助安然公司财务造假，被判处妨碍司法公正罪后也宣告破产；花旗集团、摩根大通、美洲银行三大投行因涉嫌财务欺诈被判有罪，向安然公司的破产受害者分别支付了 20 亿、22 亿和 6900 万美元的赔偿罚款。安然事件余波未平，2007 年美国次贷危机爆发，美国第四大投行雷曼兄弟破产，成为 2008 年国际金融危机的导火索。

雷曼兄弟破产大约两个月后，英国女王伊丽莎白二世在伦敦经济学院提出了一个后来广为流传的"女王难题"：为什么那么多的经济学家都没能预见到金融危机？频繁爆发的金融丑闻和金融危机暴露了西方金融体系中一些深层次的问题，促使人们重新审视金融发展问题。英国一些经济学家对女王的回答是经济学研究可能过于注重数理模型而忽视现实本身。学界推出了一些反思类著作，如沙奈的《突破金融危机》、神谷秀树的《贪婪的资本主义：华尔街的自我毁灭》等。学者们对金融危机背后的原因进行了相关研究，对金融文化和价值观的质问是其中一个重要的指向。很多研究还指向了放松监管的问题，实际上背后仍是文化与价值观问题。

放任自由和尊崇市场自由的价值观，反对政府干预和监管，导致了金融风险的加剧。二十世纪八九十年代，新自由主义强调自由放任和"更少的政府干预"的主张在美国大行其道，美国很多大型金融机构"只是在放松监管的背景下、以市场为基础的金融体系开始形成以来的几十年里成立的"[①]。这些大公司正是各类金融风险形成的温床。虽然有一些法律法规对金融机构的行为进行约束，但在实际操作中，监管部门往往难以有效监控和制裁违规行为。放松监管的后果最终都指向了 2007 年次贷危机和 2008 年金融危机。次贷危机的重要原因之一对房地产金融创新的监管不力，虽然格林斯潘等人在此后仍然认为监管未必比市场更有能力。美国加州大学伯克利分校教授罗伯特·赖克在《美国的逻辑：为什么美国的未来如此堪忧》一书中指出，金融危机的重要原因之一是政策因素失误、政府监管缺位。次贷危机后，美国政府对此也进行了反思。2010 年，美国成立了金融稳定监督委员会（Financial Stability Oversight Council，FSOC）。

功利主义价值观推动了金融机构高风险贷款和复杂金融工具的泛滥使用。西方金融机构为了追求短期的利润和个人的利益，表现出高度的风险偏好，大搞金融创新，设计了很多复杂的金融衍生品和高杠杆操作。这些产品虽然能够带来高额回报，但也伴随着巨大的风险。经济学家克鲁格曼称之为"以新改进的方法吹泡泡、规避监管和实行事实上的庞氏

---

① ［美］凯文·R.布莱恩，等.美国金融体系：起源、转型与创新［M］.李酣，译.北京：中信出版社，2022.

计划"。金融机构在利益驱动下，往往放松对高风险产品的控制和管理。2008 年国际金融危机的根源之一就是金融机构对次级贷款和复杂金融衍生品的过度推广。

鼓励追求更高的利润和更大的市场份额，公平与诚信原则常常被严重破坏。功利主义哲学强调个人利益和经济回报，利益驱动被视为经济活动的主要动因。这种哲学使得他们在追求利益的过程中常常不择手段，贪婪和欺诈成为常态。这种价值观几乎贯穿了 20 世纪西方金融发展史，华尔街认同经纪人伊万·博斯基的那句名言："贪婪是对的。"很多金融企业的价值观，至少在"潜规则"中鼓励不道德的行为，因为利益高于一切。美国安然财务造假事件中，会计师事务所安达信以及花旗集团、摩根大通、美国银行等金融机构卷入其中。次贷危机爆发的原因之一，是银行和金融机构在推广次级贷款产品时盲目放宽贷款条件，并通过隐瞒风险、虚假宣传等手段，诱导消费者购买这种高风险金融产品。时任美联储主席伯南克认为，放贷方的"不公与欺诈行为"误导借款人，是导致次贷危机发生的主要原因。

西方金融发展中频繁发生"金融丑闻"和金融危机，究其根源，有经济和制度方面的问题，同时也有文化和价值观方面的问题。2012 年，第四十二届达沃斯冬季论坛的首个公开辩论议题是"20 世纪的资本主义是否适合 21 世纪"，关于这个议题的讨论远没有结束。

三、我国金融价值观的变迁与重塑

（一）中国金融价值观的传承与变迁

中国金融文化及价值观的演变是一个跨越时代的历程，它不仅反映了中国金融体系的发展，也反映了中国社会经济的深刻变革。从古代的金融管理和金融机构，到清末和民国时期近代银行体系、新民主主义革命时期的红色金融，以及社会主义建设时期的金融体系和改革开放以来的现代化金融市场蓬勃发展，每一次变迁都承载着历史的智慧和时代的印记。

我国古代文化是以儒家传统文化为主、多元文化相融共生的体系，我国古代金融文化是以这个体系为基础构建并传承的。我国古代金融从西周时期开始就建立了较为完整的国家主导的金融体制，政府主办或民营的各类金融机构承担着金融市场管理的职责以及融通资金等基本功能。我国古代中后期的金融机构以典当、钱庄（银号）和票号为代表。在中国古代，以儒家思想为主的思想传统贯穿了商业文化和金融文化的始终。"诚信""仁义"和"义利并重"等价值观成为金融活动的核心价值观。在古代中国，金融活动不仅是经济行为，更是道德实践。商人们在经营中恪守信用，注重声誉，将诚信视为商业成功的关键。通过典当行、钱庄和票号这些金融机构的运作，我们可以看到儒家思想的深刻影响。这种道德约束不仅维护了社会的公正和秩序，也为金融活动的健康发展提供了保障。

鸦片战争后，尤其是辛亥革命之后，西方金融机构不断在中国设立分支机构，中国开始出现了近现代意义上的银行机构、证券市场和保险制度。传统的重农抑商、义利并重的金融理念开始受到质疑，西方的个人主义和利润最大化理念逐渐渗透进来。"效率"和"创新"成为金融活动的新追求。金融机构开始注重提高服务效率，创新金融产品和服务，以适应日益激烈的市场竞争。这一时期的金融变革，为中国金融体系的现代化奠定了基础。西方金融思想的传入，也推动了我国金融体制的变革。与传统金融价值观不同，近现代的金融活动更加注重效率和利润。商业银行和证券市场逐渐成为金融体系的核心，金融产品的创新也日益活跃。然而，这一时期的金融活动中也暴露出许多伦理道德问题。例如，高利贷现象频发，许多农民和小企业因无法偿还高额利息而陷入困境。此外，金融诈骗现象也时有发生，一些不法分子利用人们对金融知识的缺乏进行欺诈活动。

新民主主义革命时期建立的基于信仰的红色金融价值观，是后来社会主义金融文化价值观的重要源流。毛泽东同志曾经说过："战争不但是军事的和政治的竞赛，还是经济的竞赛。"①

---

① 毛泽东.毛泽东选集：第三卷［M］.北京：人民出版社，1991.

在战争时期，中国共产党从未放松发展经济和金融。中国共产党在革命战争初期就意识到金融在支持战争和根据地建设中的重要作用。为了保障根据地的经济独立，党在各个根据地建立了自己的金融机构，苏区的"红色银行"如雨后春笋般涌现。这些银行不仅是货币的发行者，更是贷款的提供者，它们用自己的方式稳定了战时的经济，保障了根据地的独立与发展。红色金融机构的首要任务是支持革命战争，为革命军队提供资金保障，它们是革命胜利的经济基石。红色金融坚持以人民利益为核心，反对任何形式的剥削，它的每一项政策和措施，都是为了提升人民的福祉。通过发行根据地货币和提供金融服务，红色金融体系有效地稳定了根据地的经济，促进了生产和流通，保障了人民的日常生活。新民主主义革命时期，中国共产党在金融领域的探索与实践，不仅为革命战争提供了坚实的经济基础，更为后来的社会主义金融体系奠定了思想和实践的基石。金融并非只是冰冷的数字和复杂的计算，它是一股温暖的力量，是推动社会进步的红色血脉；它是一段波澜壮阔的历史，是共产党人以人民利益为中心的金融理念的生动体现。

社会主义建设时期的金融，是从计划经济到市场经济变革时代的金融。在新中国成立之初，经过短暂的多元化金融体系之后，中国进入计划经济时期的"大一统"金融时代。全国各类商业银行、金融机构和金融市场均被撤并或取消，商业银行业务和中央银行业务集中于中国人民银行。银行根据国家统一安排组织和安排资金，处于从属的地位。这一时期实行的是"大财政、小银行"的宏观管理体系，没有商业信用，只有银行信用，金融业在国民经济中所处地位不高，作用单一，未能充分发挥其在经济和社会发展中应有的功能。[①] 计划经济时代的国家经济体系意识形态高度统一，以社会主义与集体主义为价值观，一切由政府主导，追求政治上的平等与财富分配的公平。

1978 年，改革开放的春风席卷中国大地，金融体系也开始了它的改革开放之旅，从计划经济时期的计划金融，逐步完成了向市场金融的转型。我国金融系统积极向世界先进国家学习，金融文化与价值观也开始得到丰富。在改革开放的大潮中，金融体系进行市场化转型，效益、创新、竞争这些概念开始进入银行等金融机构的经营文化当中。银行、证券、保险等金融机构不再只是国家机器的一部分，它们开始通过市场化运作追求更好的业绩，以更高的效率服务于经济建设。国家逐步探索建立证券市场，为企业筹集资金提供新的渠道。20 世纪 80 年代末，上海和深圳的证券交易所相继成立，为中国证券市场的发展奠定了基础。金融活动开始关注个体需求，

---

① 郭田勇.再回首 再思考 再出发——中国金融改革开放四十年［M］.北京：社会科学文献出版社，2018.

为普通大众提供更加多样化的金融服务。从储蓄到投资，从保险到信贷，金融产品和服务变得更加丰富，更好地满足了人民群众的需求。中国逐步放开对金融机构的严格控制，允许民营银行和外资银行的存在。这一举措打破了原有的国有银行垄断局面，激发了金融市场的活力。在竞争中，金融机构不断提高自身的服务质量和效率，推动了金融体系的整体进步。改革开放初期，金融价值观的转变是深刻的。基于市场和竞争的价值观开始深入人心，创新、以人为本、追求卓越等价值观大大丰富了金融文化内容，甚至成为很多机构最重要的价值观。

（二）新型金融价值观呼之欲出

经过四十多年的改革开放历程，我国进入中国特色社会主义新时代和新发展阶段。中国特色社会主义新时代是我国发展新的历史方位。进入新发展阶段，要贯彻新发展理念，构建新发展格局，坚定不移推动高质量发展，以中国式现代化全面推进中华民族伟大复兴。在新时代和新发展阶段，我国金融发展战略开始深度调整，金融文化建设也在面临一场深刻的变革。

金融体系要站在新的战略视野审视文化建设，于是重塑新时代金融文化，塑造中国金融的新型价值观——中国特色金融文化价值观也就势在必然了。

习近平总书记指出："世界上各种文化之争，本质上是价值观念之争，也是人心之争、意识形态之争，正所谓'一时之强弱在力，千古之胜负在理'。首先要打好价值观念之争这场硬仗。"① 所以，在中国特色金融文化培育重大命题中，核心问题还是金融价值观培育问题。

习近平总书记在中央金融工作会议上提出："要在金融系统大力弘扬中华优秀传统文化，坚持诚实守信、以义取利、稳健审慎、守正创新、依法合规。"这是后来提出培育中国特色金融文化重大命题的前奏。2024 年 1 月，习近平总书记在省部级主要领导干部推动金融高质量发展专题研讨班的讲话中提出了"中国特色金融文化"的命题，指出："推动金融高质量发展、建设金融强国，要坚持法治和德治相结合，积极培育中国特色金融文化，做到：诚实守信，不逾越底线；以义取利，不唯利是图；稳健审慎，不急功近利；守正创新，不脱实向虚；依法合规，不胡作非为。"这段阐述被简称为"五要五不"，在此前的"五要"基础上增加了"五不"，直接指出了违背价值观的主要表现形式，并对违背价值观进行了底线警示。自此，我国金融文化建设进入新阶段，金融价值观重塑之路正式开启。

在前文我们已经讲到，作为浓缩的理念表述，"五要五不"是中国特色金融文化的核心内容，符合价值观的特征，所以

---

① 中共中央文献研究室.习近平关于社会主义文化建设论述摘编［M］.北京：中央文献出版社，2017.

可以认为"五要五不"是中国特色金融文化的价值观内容。积极培育中国特色金融文化，核心是重塑金融价值观，"五要五不"价值观为重塑金融价值观提供了一个基本架构，也为重塑金融价值观提供了行动指南。

重塑金融价值观的工作，还应关注以下几个方面：

一是要紧紧根植于中华优秀传统文化，以文化之根，滋养当代金融价值观。"在金融系统大力弘扬中华优秀传统文化"是培育中国特色金融文化的基础。坚持"两个结合"尤其是"第二个结合"是塑造金融文化中国特色的关键。

二是要调整规范行业规章制度，以政策、规范性文件、行业自律规范及企业规章强化执行效果。政府部门和行业组织在金融行业文化建设上已经出台了一些政策和自律性规范，金融机构也有文化建设相关制度设计，但多数还需要根据新形势和新要求进行调整规范，调整的重点应是"八个坚持"理念的贯彻与"五要五不"价值观的落实。

三是应加强宣讲和教育引导，将中国特色金融文化的价值观融入金融业务当中。树德莫如滋，去疾莫如尽。价值观培育工作要入心入脑，要润根润德，不能做表面文章。金融价值观体现在实际业务当中，要以日常业务落实"五要五不"价值观。

四是要结合数字时代变革和社会发展趋势，做好新一代金融人的价值观培育工作。数字时代带来社会生活的深刻变化，意识形态在数字社会正在被重新解构和塑造。时代在变，青年人的价值观也在变。新一代金融人是金融文化的未来，只有从青年人的金融价值观抓起，中国特色金融文化建设事业才能保持基业长青。

五是聚焦重点工作"场景"，开展更细、更小、更实际的文化价值观培育工作。金融文化建设实践需要很多渠道、方法和措施，最终可聚焦于一些重要的场景，如开展行业性文化活动，利用好新闻、影视、戏剧、小说等文化阵地，做好基层文化工作，结合党建工作、发挥党建引领作用等。

中国特色金融文化体系的"五要五不"价值观与社会主义核心价值观有密切关系。我们需要厘清两者的关系，以便更好培育中国特色金融文化，开拓中国特色金融发展之路。

第一，中国特色金融文化价值观以社会主义核心价值观为引领。

金融文化价值观是群体价值观，也是社会价值观的一个组成部分。在我国，全社会共同认同的价值观是社会主义核心价值观。社会主义核心价值观是社会主义核心价值体系的内核，也是中国特色金融文化的价值观基础。

2006年10月，党的十六届六中全会审议通过的《中共中央关于构建社会主义和谐社会若干重大问题的决定》提出了"建设社会主义核心价值体系"这个重大命题。社会主义核心价值体系由四个方面基本内容构成，即马克思主义指导思想、中国特色社会主义共同理想、以爱国主义为核心的民族精神和以改革创新为核心的时代精神、社会主义荣辱观。

社会主义核心价值观是党在系统阐释社会主义核心价值体系后作出的重大理论创新，是在党的十八大报告中明确提出的，具体内容为：倡导富强、民主、文明、和谐，倡导自由、平等、公正、法治，倡导爱国、敬业、诚信、友善。2013 年12 月，中共中央办公厅印发《关于培育和践行社会主义核心价值观的意见》，指出：社会主义核心价值观是社会主义核心价值体系的内核，体现着社会主义核心价值体系的根本性质和基本特征，反映着社会主义核心价值体系的丰富内涵和实践要求，是社会主义核心价值体系的高度凝练和集中表达。

社会主义核心价值观包含了国家、社会和公民三个层面的价值观内容，是我国全社会共同价值观，是所有行业文化、组织文化的基础，所以，中国特色金融文化的价值观体系构建首先要基于社会主义核心价值观。

基于社会主义核心价值观的中国金融文化是推动金融行业健康、稳定、可持续发展的重要保障。以社会主义核心价值观为引领和根基，能够确保培育中国特色金融文化的工作与国家的整体价值导向保持一致，为金融事业的健康发展提供强大的精神动力和价值支撑。

第二，中国特色金融文化价值观反映社会主义核心价值观。

金融作为现代经济的核心，不仅承载着资金融通、风险管理的功能，更深刻地影响着社会的稳定与发展，其文化建设和价值观导向对于国家经济的健康发展具有重要意义。中国特色金融文化作为中国特色社会主义文化的重要组成部分，其价值观体系的建设和发展必须紧密围绕社会主义核心价值观进行，以体现中国特色、时代特征，并服务于经济社会发展的全局。中国特色金融文化的价值观体系，深深植根于社会主义核心价值观的沃土之中，是金融领域精神风貌与文化内涵的集中展现，也是对社会主流价值观的积极响应。

金融文化是金融行业在长期发展过程中形成的价值观念、行为准则、道德规范等的总和。中国特色金融文化价值观以诚实守信的道德观、以义取利的义利观、稳健审慎的经营观、守正创新的创新观、依法合规的治理观引领中国特色金融发展之路，促进金融高质量发展，助力强国建设和民族复兴大业。中国特色金融文化价值观在金融领域体现富强、民主、文明、和谐的价值追求，体现自由、平等、公正、法治的价值追求，体现爱国、敬业、诚信、友善的价值追求。

诚实守信的道德观直接反映社会主义核心价值观的诚信价值观；以义取利的义利观中的"义"直接反映富强、民主、文明、和谐、自由、平等、公正、法治等价值追求，这是中国人眼中的"大义"。守正创新的创新观中的"正"，直接反映了自由、平等、公正、法治的价值追求；依法合规的治理观是法治价值追求的直接体现。

第五章

"五要五不"价值观：金融价值观新架构

■■■■■ **导读**：本章将详细分解中国特色金融文化价值观的内容。习近平总书记关于中国特色金融文化的"五要五不"要求，为重塑中国特色金融文化价值观提供了新的基础架构。这五个方面相互关联、相辅相成。本章我们将结合中华优秀传统文化等文化基因的思想传承，分别分析"五要五不"金融价值观的含义、重要性和存在的问题，并提出如何理解和重塑中国特色金融文化价值观的观点。

习近平总书记在省部级主要领导干部推动金融高质量发展专题研讨班上的重要讲话，体现了我党对金融发展规律的深刻把握和对当代金融文化建设现状的深刻洞察，其中关于中国特色金融文化的"五要五不"的具体要求，是中国特色金融文化体系的核心部分，是中国特色金融文化价值观表达。这五个方面相互关联、相辅相成，是五个相互支撑的维度，我们将这"五要五不"提炼为简洁明了的五个关键字：信、义、慎、正、合。所以，"五要五不"价值观架构也称为"五维"价值观架构。

一、诚实守信，不逾越底线

习近平总书记指出："一要诚实守信，不逾越底线。中华优秀传统文化强调重信守诺。金融行业以信用为基础，更要坚持契约精神，恪守市场规则和职业操守。要发扬'铁算盘、铁账本、铁规章'传统，始终不做假账。坚持欠债还钱，珍惜信誉，不当老赖。要加强行业自律，对严重失信者终身禁业。"[①]

---

① 中共中央党史和文献研究院.习近平关于金融工作论述摘编［M］.北京：中央文献出版社，2024.

（一）诚信价值观的中华传统、传承与现实

"诚实守信，不逾越底线"即诚信价值观，是中国特色金融文化的道德观和底线价值观，是首要价值观。诚实守信，即诚信。诚信首先是道德范畴的价值取向，是一种基于个人品德的自我约束能力；诚信也是一种社会关系，也需要他律规范，需要建立社会信用体系以及法治体系来规范和约束。诚信价值观是中国传统社会最重要的文化价值观，也是我国社会主义核心价值观中的重要内容。

诚，真实之义，是真实可见、不虚妄的状态。信，从人从言，本义应为人言真实可信，人言不爽则为不欺，就是守信。"诚"与"信"都是内在修养和外在规范的统一。诚信命题在我国古代各思想流派中均占有重要地位，经过世代传承，我国社会已经形成了具有中国特色的诚信文化传统。

在中国传统文化与思想传承中，诚信被认为是立身之本、立业之本、立国之本。"诚信"一词，应是最早出现在记录春秋时期政治家管仲言论的《管子》，其中说："非诚贾不得食于贾，非诚工不得食于工，非诚农不得食于农，非信士不得立于朝。""诚信者，天下之结也。"在管仲看来，诚信是所有领域决定成败的关键。《论语》中说："人而无信，不知其可也。"意即人如果失去了诚信，那么就无法立足于社会。"曾子杀猪"的故事家喻户晓，是说诚信对成长中的孩子的重要

性。儒家文化中，"信"被列为"五常"（做人做事的通常法则）之一，"夫仁、义、礼、智、信，五常之道"（董仲舒《举贤良对策一》），强调人与人之间的交往应当以诚信为基础。《墨子·经上》说："信，言合于意也。"意即心口合一，不能言不由衷。墨家是典型的行动派和实用主义者，强调"言必信，行必果"。法家政治家商鞅将"信"作为治国之道之一。他在《商君书·修权》中说："国之所以治者三：一曰法，二曰信，三曰权。法者，君臣之所共操也；信者，君臣之所共立也；权者，君之所独制也。"他将"信"作为仅次于法的治国之道，可见对"信"的重视。商鞅"南门徙木"的故事为人津津乐道，正体现了法家治国思想的重信文化。

金融的根本便是信用，所以"信"在金融业不仅是信守承诺的道德自律，更是最基本的职业生命线，是"硬通货"。中国古代和近代金融行业视诚信为生命，票号、钱庄等金融机构依靠诚信文化来维系其运营，同时也建立了严格的信用管理制度，以信用为纽带，促进了资金融通和资源配置。在金融业，信是诚信也是信用，信是道德要求也是经济行为，"信"的两种含义在金融活动中有着天然的契合度。"盈千累万，仅以一纸为凭者，信也。"这是对票号中蕴含的诚信文化描述，也是金融信用的本质体现。这种特征在近现代金融发展得以升华，信用成为一种契约关系和一种重要的经济活动。山西票号的经营之道以"诚信"为本，不仅孩童、学徒从小要受诚信教育，在经营中也坚持诚信原则。票号以经营异地款项汇兑为特色，实现了异地之间的资金调拨，极大地便利了商贸活动。在汇兑业务中，无论何时何地都会无条件兑换，不计盈亏。在经年累月中"诚"的经商理念和商业道德深入晋商脑海，规范其言行。一旦有人违背失诚，便为人所耻，其他店铺也绝不录用，因此鲜有虚假不诚者^①。

中国传统文化中的诚信文化，在我国近现代金融领域得到了传承和发扬。新民主主义革命时期，红色金融通过发行边区货币、建立信用合作社等措施，解决了革命根据地在物资短缺、经济封锁等极端条件下的一系列经济问题。在创新性的金融实践中，红色金融坚持以人民利益为重，在货币兑换等活动中以诚信为原则，维护了人民利益，赢得了广大人民群众的信任和支持。进入社会主义建设时期，我国金融系统形成了很多优良的金融文化传统，如"铁款、铁账、铁算盘"的老"三铁"精神，这一精神在改革开放后又发展为新"三铁"精神，即"铁算盘、铁账本、铁规章"。改革开放以来，我国金融市场化转型完成，现代金融体系逐步完善，金融机构文化建设也进入规范化进程，很多机构都建立了自身的企业文化体系，诚信价值观是银行等金融机构文化建设的"必修课"。

---

① 李毅、邓雪莉.山西票号金融文化融入高职金融文化育人体系的路径研究［J］.山西财政税务专科学校学报，2023，25（03）.

同时，征信体系和信用环境已经成为重要的金融基础设施之一。随着数字金融时代来临，数字技术在诚信文化建设中也开始发挥至关重要的作用。

诚信的反面是欺诈、弄虚作假，无诚信就是逾越底线。诚实守信是最基本的道德，但在现代经济社会显得弥足珍贵。由于种种原因，40年来，我国金融业诚信文化受到了较大的冲击，至今仍在经历诚信危机。违反诚实守信价值观、逾越底线主要表现为财务造假、骗贷骗保、虚假宣传、集资诈骗、欠债不还等行为。我国资本市场屡屡发生违背诚信、财务造假的事件，早期的有郑百文事件、银广厦事件等，近期的典型案例如康德新事件、恒大地产集团事件。在美国上市的瑞幸咖啡出现财务造假事件，引发中概股诚信危机。银行业存在大量违规信贷问题，银行债务逃废屡屡发生，不仅违反法律规定，也违背了基本的诚信原则和商业伦理。银行、保险等机构从业人员"飞单"现象严重，隐瞒欺骗消费者，毫无诚信可言。在互联网金融领域，集资诈骗案频发，典型案例是"E租宝"集资诈骗案。一些机构，拖欠各种债务不还习以为常，为普通老百姓所不齿。更令人担忧的是，在业内，弄虚作假者不以为耻，旁观者认为理所当然，诚信底线缺位，行业风气败坏。

（二）如何理解和重塑中国特色金融文化的诚信价值观？

诚信价值观是中国特色金融文化价值观的首要价值观，

也是底线价值观，践行诚信价值观要树立底线思维。诚信是底线，没有诚信，其他均无从谈起。诚信的对立面是"欺"，是"虚"，"欺"会损害他人利益，所以诚信是底线，诚实守信，就要"不逾越底线"。诚信是做人的道德底线，正如"诚信的背囊"的寓言，过河的青年丢弃了诚信的背囊，美貌、金钱、健康、学问、荣誉等其他背囊都一文不值；诚信也是金融业价值观的底线，是金融行业的基本操守。诚信价值观在我国社会主义价值体系建设中具有重要地位，是社会主义核心价值观之一，我国金融业的诚信价值观培育要在社会主义核心价值体系下积极推进。

中国特色金融文化的诚信价值观是有法治支撑的价值观，应坚持法治和德治相结合。违反诚信这个道德底线，不仅要受到道德的谴责，法律层面上也可能受到惩罚。法律上的诚实信用原则，源于罗马法，在大陆法系国家民法中多有规定。《中华人民共和国民法典》第七条规定："民事主体从事民事活动，应当遵循诚信原则，秉持诚实，恪守承诺。"由于诚信的文化属性在法律上界定比较困难，所以民法上的诚实信用原则属于一般条款，只是当出现立法当时未预见的新情况、新问题，依据现有解释规则都无法确定时，法院可依诚实信用原则行使公平裁量权。与道德要求的诚实守信不同的是，一旦法院依这一原则作出判决，违背诚实信用原则一方将通过被强制要求实施、矫正，或受到法律的制裁。

中国特色金融文化的诚信价值观培育应结合金融业务和特点。信用是金融的基础，诚信是金融本质的必然要求。很难想象一个诚信文化缺失的信用市场是如何能够存在的。诚信文化和诚信价值观有赖于道德约束，还有结合金融业务的特色，积极完善相关基础设施。央行征信系统和社会信用体系的建设，大幅提升了金融服务的效率和安全性，未来仍需强化全社会信用体系的协调和协同，打破行业壁垒。应进一步利用大数据技术完善信用评价体系，促进诚信文化的建设。

中国特色金融文化的诚信价值观是行业文化的基石，应积极发挥行业自律组织功能。中国银行业协会、中国证券业协会、中国保险行业协会、中国信托业协会、中国保险资产管理业协会等金融行业自律组织在行业文化建设方面做了很多工作。我国还有一些金融文化主题相关的专门社会团体，如中国金融思想政治工作研究会（中国金融文化建设协会）等。要继续发挥社会组织功能，推动行业自律性行为规范的完善，加强行业自律，强化诚信管理，对严重失信者终身禁业。应加强诚信价值观的宣传教育，培育金融职业操守。

二、以义取利，不唯利是图

习近平总书记指出："二要以义取利，不唯利是图。

中华优秀传统文化强调'先义而后利者荣，先利而后义者辱'，见利忘义一向为君子所不齿。金融具有功能性和盈利性双重属性，盈利要服从功能发挥。金融行业要履行好社会责任，实现金融与经济、社会、环境共生共荣。"①

（一）以义取利价值观的中华传统、传承与现实

"以义取利，不唯利是图"即以义取利价值观，是中国特色金融文化的义利观。践行以义取利价值观，要正确处理"义"和"利"之间的关系。要明确什么是义，什么是社会主义核心价值观的义。坚持"以义取利、不唯利是图"的义利观对金融业的可持续发展具有重要意义。

义即正义、道义、道德，义的含义有不同层次，但本初之义应为以正为义。利，即利益、好处，利也有物质和精神方面的利益之分，但利主要指物质方面的利益，更具体的就是指财富。在中国思想史上，"义"和"利"是一对重要的哲学范畴，各思想流派有关这对范畴的观点不尽相同。

儒家文化向来以义为先。朱熹说："义利之说，乃儒者第一义。"（《与延平先生书》）孔子认为"君子义以为质"，是说义是君子的做事原则、立身之本。孔子说，"见义不为，无勇

---

① 中共中央党史和文献研究院.习近平关于金融工作论述摘编［M］.北京：中央文献出版社，2024.

也"，见到应该做的事情，却袖手旁观，是懦弱的表现。所谓应该做的事就是正义。从孔子的主张中，可以看出他以义为先，但不否定利。因孔子提出"君子喻于义，小人喻于利"，所以中国社会后期有"耻于言利"的文化倾向。孔子提出"见利思义"（《论语·季氏》），"不义而富且贵，于我如浮云"，在面对利益诱惑时，首先要考虑的是其是否合乎正义；通过不正当手段获得的富贵，在君子眼中是不道德的。可见他反对的是私利，是不当得利，是见利忘义。孔子提倡"因民之所利而利之"（《论语·尧曰》），希望统治者以人民的利益所在为指向，满足人民的利益，这是孔子非常重要的政治主张。董仲舒赞扬"圣人之为天下兴利也"（《春秋繁露·考功名》），说明儒家反对的是私利，而不是公利。荀子提倡"先义而后利者荣，先利而后义者辱"（《荀子·荣辱》），说明了先义后利的立场，也说明义利是不矛盾的。明代思想家王夫之肯定区别于自私自利的合理的私人利益，是对义利观的重大贡献。总体上儒家思想认为义利是对立而又统一的，但在关系处理上是重义轻利的。

墨家思想则认为"义"和"利"是并重的，墨子贵义尚利，《墨经》上说："利，义也。"就是说有利才有义，"义"和"利"是统一的。墨子崇尚的利也是公利，是国家、百姓、人民之利，而反对私利。与儒家不同的是，墨家将公利作为最高道德准则。"兼相爱，交相利"是墨子思想的核心，认为爱要兼爱，利要互利，这是治国之道。法家在义利关系上更现实，认为人的本性是自私的，基本的物质满足（利）是人们行仁义的基础条件，所谓"仓廪实而知礼节，衣食足则知荣辱"，要行大义，就需要满足人的基本物质需要。所以法家"不贵义而贵法"，主张规范治理用法而不是用义。

"义"的价值观追求在中国古代社会治理中具有极为重要的地位。与"信"一样，"义"也是儒家思想倡导的"五常"之一，是维护社会秩序的基本伦理。管仲说"国有四维"，即礼、义、廉、耻，"四维不张，国乃灭亡"（《管子·牧民》）。"五常"和"四维"都是中国古代的全社会价值观，对当代价值观的重塑和社会治理仍有意义。

总体上，中国传统文化价值观认为，不是不能取利，而是要义利兼顾，以义为先，义是取利的条件。通过处理"义"和"利"的关系，中华传统文化展示了思辨的魅力。习近平总书记指出，"富民厚生、义利兼顾的经济伦理"[①]是中华优秀传统文化的重要元素之一。义利兼顾经济伦理体现了经济活动中义利对立统一的辩证关系，正义、道义不仅是个人的内在规范，更是超越个人，维系群体和谐与秩序的基石，而利益也不仅是小我的利益，在经济活动中还有更高的公共利益，是大义所在。

我国古代和近代金融文化中向来重视义利关系的平衡。商业组织必然是要追求利润的，但绝不是不顾"义"。"诚招

---

① 习近平.在文化传承发展座谈会上的讲话［J］.求是，2023（17）.

天下客，义纳八方财"是晋商票号的招牌口号，体现了票号文化中"诚"、"义"和"财"的关系，说明晋商认为只有重视"诚"和"义"才有可能有利润可赚。"以义制利"是晋商的基本准则之一，即追求利益要以道义来约束。徽商"贾而好儒"，经营文化与圈层风气深受儒家文化影响，奉行"诚信为本、以义取利"的经营哲学。近代浙商也是中华商文化的优秀代表。2006年，习近平对近代浙商的经营文化给予高度评价，说浙江人笃信"义利双行""义利并立""以利和义"的信条，形成了诚实守信、一诺千金的儒商文化。①

"义"和"利"的关系，在西方哲学关系中，体现为道德和利益的关系。资本主义和市场经济发展的基础上，西方发达国家的文化价值观体现了对权利、利益、个人的重视。如功利主义的道德原则是效用，即达到最大程度的幸福和快乐。功利主义认为避害趋利是人的本性，能给人带来幸福和快乐才是真正的道德。美国的实用主义认为有用（能够带来实际效果）就是真理，有用才是符合道德的。这些道德观具有正面意义，但长期看也带来了致命的后果。

以义取利的对立面是唯利是图。图利不是坏事，问题出在"唯"字上。唯利是图将利益视为唯一目标，是一种"威

---

① "习近平同志既重视战略谋划又强调狠抓落实"（下）——习近平在浙江（五）[N].学习时报，2021-03-08.

尼斯商人"式的贪婪。凡事将个人利益、小集体的利益摆在第一位，就会排斥"义"。当义利发生矛盾时，就可能违背道德伦理和价值观，也极容易触犯规则和法律，如为获得利益进行商业贿赂。

我党在新民主主义革命时期建立红色金融体系，当然也需要通过汇兑、放贷等业务赚取利润，但所有的经营活动都围绕发展经济、扶助农工生产生活、支援军事斗争等任务和使命展开，从来没有自己的"私利"，奉行廉洁文化，红色金融人更是甘做"贫穷的富翁"。这种红色金融义利观一直影响到社会主义建设时期。改革开放以来，我国金融文化的形成受西方金融文化影响较大。我国金融体系吸收了勇于创新、重视竞争、追求卓越等良好的价值观，但也受到了很多负面的影响。金融机构从计划经济时代走出后，很多机构的文化建设在义利之间摇摇摆摆。一段时间内一些机构为追求业绩，单纯逐利倾向严重，出现违纪违规现象，如一些银行因利益的诱惑给违规建设的房地产、工业项目贷款，忘记了需要执行国家宏观调控政策。金融服务机构因自身利益而造假事件频发，如康得新造假案，作为服务机构的瑞华会计师事务所协助造假，受到证监会的重罚。一些机构的从业人员，为利益所诱惑，多渠道非法收集、贩卖客户个人信息；还有一些从业人员泄露国家秘密，危及国家安全。

在当前全球经济不确定性增加的背景下，在我国全面建设社会主义强国的战略下，坚持"以义取利、不唯利是图"的义利观对于金融业的可持续发展具有重要意义。

（二）如何理解和重塑中国特色金融文化的义利观？

中国特色金融文化的义利观即以义取利价值观。理解和重塑中国特色金融文化的义利观，需要把握以下几个方面。

中国特色金融文化的义利观是体现"人民性"的价值观，要坚持社会主义义利观。"义"是超越自我利益的道德规范和价值追求。以义为先，首先是义在利前，在利益面前要先考虑是否符合义的要求。义利是统一的，以义为先，是以他人的利益为先。但这时还要看"义"是为了谁，是为了谁的利益。首先是其他个人的，为其他个人利益着想的，为小义。其次是集体的，例如，组织的、公司的，个人的利益要让位于所在集体的利益，为中义。最后是人民的利益，全社会的利益，乃至全人类的利益。一切为了人民，是为大义。重塑中国特色金融文化的义利观，要首先体现社会主义性质和"人民性"。要坚持社会主义义利观，把国家和人民利益放在首位而又充分尊重公民个人合法利益。[1] 坚持以人民为中心的价值取向，

---

① 中国共产党十四届六中全会通过的《关于加强社会主义精神文明建设若干重要问题的决议》提出社会主义义利观的概念，要求："加强精神文明建设，引导人们正确处理竞争与协作、自主与监督、效率与公平、先富与共富、经济效益与社会效益等关系，反对见利忘义、唯利是图，形成把国家和人民利益放在首位而又充分尊重公民个人合法利益的社会主义义利观，形成健康有序的经济和社会生活规范。"

树立以人民为中心的发展思想，首先要服务于满足人民对美好生活的向往这一目标，要通过发展普惠金融切实解决人民生产生活中的问题。在人民性这个向度上，公平与正义的价值追求和经济伦理，应是金融义利观的题中之义，因为没有公平和正义，人民的权利将无法实现。

中国特色金融文化的义利观是体现金融"政治性"的义利观，要坚持党的领导，坚决服务国家战略。中国共产党代表最广大的人民的根本利益，所以金融行业要坚持党的领导，首先明确金融是为党工作，为人民谋利益。要坚决服务国家战略，要胸怀"国之大者"，强化使命担当，以金融高质量发展助力强国建设、民族复兴伟业。在专门领域，金融要坚决维护国家金融安全，不能因个人或集体私利危害金融安全；金融机构要坚决执行国家宏观调控政策，在贷款和投放货币时考虑政策因素；发展耐心资本，奉行长期主义，避免以牺牲人民利益和国家利益为代价来换取短期利益。

中国特色金融文化的义利观是义利相兼的价值观，要平衡金融的功能性和盈利性。金融的功能性是社会责任驱动的社会效益诉求，通过资源配置、风险管理等功能服务经济发展和国家战略体现为"义"；金融的盈利性是利益驱动的经济诉求，通过提供金融服务来获取利润体现为"利"。盈利性符合经济发展的规律，不能否定人追求利益的合理性。中国特色金融文化的义利观，应坚持义利相兼，义利并重，两者不可偏废，但根本上，盈利性要服从功能性，要以义为先，以义取利。在观念上，坚决反对"金钱至上""利润至上"等错误观念。但在重塑中国特色金融文化的义利观时，也应注意一些可能的错误倾向。应反对以道德之名忽视金融的经济属性和金融活动的规律性。应反对忽视个人利益的极端集体主义，既要把国家和人民利益放在首位，也要充分尊重公民个人合法利益。

三、稳健审慎，不急功近利

习近平总书记指出："三要稳健审慎，不急功近利。中华优秀传统文化强调'欲速则不达，见小利则大事不成'。国际上一些金融机构能够成为百年老店，基业长青，最重要的秘诀是稳健审慎。金融行业要树立正确的经营观、业绩观和风险观，稳健审慎经营，既看当下，更看长远，不贪图短期暴利，不急躁冒进，不超越承受能力而过度冒险。"[①]

（一）稳健审慎价值观的中华传统、传承与现实

"稳健审慎，不急功近利"即稳健审慎价值观，这是中国

---

① 中共中央党史和文献研究院.习近平关于金融工作论述摘编［M］.北京：中央文献出版社，2024.

特色金融文化的经营观、业绩观和风险观。金融市场具有极大复杂性和不确定性，稳健审慎的原则，要求从业者在决策时必须保持清醒的头脑，对各种风险进行全面评估。这不仅有助于防范金融风险，也是推动金融行业健康发展的关键因素。

稳健，意为稳且有力、不轻浮。稳，意为平稳不动摇，现常说"行稳致远"，是说只有稳重谨慎，才能走得更远。古语有云"天行健，君子以自强不息"，是说天道运行刚强劲健，不为意志而转移，君子处世，应刚健有力，永不停息。稳健合用，多见于现代语文环境，如孙中山《社会主义之派别与方法——对中国社会党演说词》中说："厥后学说精进，方法稳健，咸知根本之解决，当在经济问题。"

审慎之道，在中国古代应用于多个范畴，且具有很深的价值观意义。审，详细、周密之义；慎，谨也，谨慎之义。儒家文化最为倡导审慎之道。"博学之，审问之，慎思之，明辨之，笃行之。"这是《中庸》提出的学习之道。《荀子·成相》曰："明德慎罚，国家既治四海平。"古人将审慎之道应用于司法领域，以司法公道为原则的理性审慎，内含法律和道德的双重性。[①]《中庸》中说："莫见乎隐，莫显乎微，故君子慎其独也。"独处下的自律，这是"慎"所直接表达的道德范畴。

---

① 程立涛.论审慎之道德维度 [J].学术论坛，2005（02）.

谨小慎微这一成语，现有贬义，但在古代，"慎微"的原意应是指以非常谨慎的态度对待细小问题，这是一种审慎的行为方式和原则。中国古人讲究"慎行"，凡事三思而后行，这是为人处世之道，也是经营之道。

《礼记》中说，"举大事，必慎其终始"。中国人强调"欲速则不达，见小利则大事不成"。人们在行动之前需深思熟虑，全面评估，不求速成，以确保自己的选择有价值、有正当性，这时，审慎就体现了巨大的价值观意义。

晋商太古曹家大院有书有"敬慎"的匾额，意为对人和事都持有敬畏之心，行事要谨慎。在我国古代和近代传统金融业，稳健审慎是很重要的理念，这从钱庄、票号的诸多经营规范就可见一斑。票号都有严格的号规，对风险点有谨慎的防范。为了消除风险，票号有经常性的突击检查审计制度。如日升昌、大德通票号每隔若干年都要到各分号进行"阅边"。这种制度能够使总号了解分号业务状况，同时也能够及时消除风险隐患。票号在经理人的选择及员工用人制度上都极为严格，主要就是为了控制风险。古代钱庄在经理人选择、监理的设立、内部岗位设置及学徒制度等方面都有较为严谨的规范，体现了钱庄的审慎经营文化。

金融业是风险较高的行业，稳健和审慎是当代金融从业者的常用关键词，稳健审慎原则在金融业中具有非常重要的地位。国际上一些已是百年老店的金融机构以稳健审慎为经营秘诀，值得我们借鉴。在监管领域，巴塞尔委员会 1997 年发布的《银行业有效监管核心原则》将"审慎监管原则"作为其中一项最重要的核心原则确立下来。2008 年国际金融危机爆发后，稳健发展和审慎经营的金融企业文化受到更多金融机构的重视。我国政府历来重视金融业的稳健审慎经营，将其作为一项基本原则。《中华人民共和国银行业监督管理法》将银行业监督管理的目标确定为"促进银行业的合法、稳健运行"，同时规定，"银行业金融机构应当严格遵守审慎经营规则"。该法指出，审慎经营规则包括风险管理、内部控制、资本充足率、资产质量、损失准备金、风险集中、关联交易、资产流动性等内容。违背审慎经营规则的，国务院银行业监督管理机构或者其省一级派出机构将予以处理。在银行业，违反审慎经营规则造成严重后果的，会受到监管部门的行政处罚。在《国家金融监督管理总局行政处罚裁量权实施办法》中，"严重违反审慎经营规则，已经造成或者可能造成案件或者重大风险事件的"，属于依法从重处罚的第一种情形。在资本市场，稳健、审慎的原则也成为重要原则。《证券公司监督管理条例》第二条明确规定："证券公司应当遵守法律、行政法规和国务院证券监督管理机构的规定，审慎经营，履行对客户的诚信义务。"2019 年 8 月，中国证监会印发的《建设证券基金行业文化　防范道德风险工作纲要》，提出推进"合规、诚信、专业、稳健"的行业文化建设，稳健是重要组成部分。

违背稳健审慎价值观的主要表现是急功近利。急功近利是在欲望驱使下，不顾长远利益而做出的短视行为。急功近利常常会忽视责任和义务，滥用职权，轻则使企业经营受到不必要的损失，严重的会导致违法和犯罪。所以，忽视稳健审慎价值观，不仅是文化问题，也是法律法规问题。金融机构发生的很多职务犯罪都是首先由违反稳健审慎原则、急功近利引起，步步走向贪污贿赂、滥用职权、破坏市场公平竞争环境、破坏金融管理秩序等犯罪行为。

我国金融业在稳健审慎价值观树立和培育上仍有较大的不足，在金融活动中因急功近利造成损失的事件经常发生，很多金融机构都存在单纯追求短期绩效、忽视长远利益的现象。这种情况在 2013 年前后达到了一个高峰期①。虽然近年来在监管部门指导下有所收敛，但银行业"重业绩、轻风险"的绩效考核理念仍较为严重，违反审慎经营规则的案件也时有发生。在竞争压力下，一些银行只关注短期收益，通过提高利率差、增加贷款规模、创新高回报金融产品等方式来迅速提升业绩，这导致了风险敞口的扩大。证券公司为追求短期利益，常常放松辅导期的要求，推动企业匆忙上市，漏洞

---

① 2013 年中国银行业协会与普华永道联合发布的一份报告显示，74.3％的银行家认为，中国银行业绩效管理普遍存在的最大问题是绩效目标存在短期化倾向，而上一年同一个指标的数据是 44.6％。

百出。股市投资者更是急功近利，包括机构投资者和散户，很多人都是赌博心态，怀揣一夜暴富的梦想，往往血本无归。

（二）如何理解和重塑中国特色金融文化的稳健审慎价值观？

中国特色金融文化的稳健审慎价值观，是金融监管部门的一种重要的系统运营观。这种价值观体现在政府对金融安全的高度重视和对系统性金融风险的防范当中。政策制定者在制定金融政策时，需要始终坚持"稳中求进"的原则，力求在稳定与发展、开放与安全之间找到恰当的平衡点。必须时刻警惕系统性金融风险的潜在威胁，通过审慎的监管和宏观调控，确保金融市场的稳定性和健康发展。需要加强金融监管体系建设，完善金融法律法规，提高金融市场透明度，以及加大对金融机构的监管力度。要对新兴金融业态的风险保持敏锐的洞察力。应推动金融知识的普及教育，增强公众的金融风险意识和自我保护能力。

中国特色金融文化的稳健审慎价值观也是金融行业的一种经营观、业绩观和风险观，总体上就是一种运营观。稳健审慎经营不仅是一种文化，也是一种经营规则。金融机构应严格遵守这种规则，否则不仅可能受到规章制度的处理，也可能受到法律法规的处罚。金融机构应摒弃只追求业绩、贪图暴利的文化。在日常经营中，金融机构需加强合规性检查、财务审计、业务流程监控，构建科学的决策机制，确保各项业务决策都经过严格的风险评估。加强市场风险管理，对利率、汇率、股价等市场因素变动保持敏感度。在市场风险管理中，发挥数据分析和模型预测的重要作用。随着金融科技的快速发展，要关注创新与风险的关系，在采纳新技术，如人工智能、区块链、云计算和大数据分析时，必须进行全面的技术评估，包括对技术的成熟度、可靠性以及与现有系统的兼容性进行深入分析。同时，风险测试也不可或缺，通过模拟不同的市场环境和操作场景，测试技术的抗压能力和风险应对机制。金融机构还应建立严格的技术监控体系，实时跟踪技术运行状态。应通过持续的培训和教育，提升员工的风险意识和专业能力，积极培育一种以"稳健审慎"为导向的企业文化。

另外，稳健审慎价值观对投资者来说是一种重要的投资观，应加强投资者稳健价值观教育。以理性和审慎的原则进行资产配置和风险管理，应成为成熟投资者的标志。应完善投资者教育机制，传达理性投资理念，将稳健审慎价值观注入投资者投资观念当中，提升其风险意识与识别风险的能力。加强理念传播和宣传，促进投资者加强投资知识学习，通过分散投资等投资手段规避风险，学会慎重筛选信息的来源，慎重验证信息的真实性。投资者本身也应根据自身的风险承受能力，谨慎使用杠杆，避免因过度借贷而导致财务危机。

四、守正创新，不脱实向虚

习近平总书记指出："四要守正创新，不脱实向虚。关键是解决好金融为谁服务、为什么创新问题，紧紧围绕更好服务实体经济、便利人民群众推动创新，不能搞伪创新、乱创新。"[①]

（一）守正创新价值观的中华传统、传承与现实

"守正创新，不脱实向虚"即守正创新价值观，是中国特色金融文化价值观的创新观。"守正创新"是一种以守正为基础，以创新为精神的价值观。守正强调的是坚持正确的原则和方向，是行动的出发点和落脚点。而创新则是在守正的前提下进行的不断探索和突破，是对传统的继承和发展。守正与创新相辅相成，构成了推动社会进步和文明发展的动力。

"中华民族是守正创新的民族"，这是习近平总书记在文化传承发展座谈会上做出的一个论断。"周虽旧邦，其命维新"，中华民族在变革的道路上从未停止脚步。《礼记·大学》有语，"苟日新，日日新，又日新"，这是充满创新精神的文

---

① 中共中央党史和文献研究院.习近平关于金融工作论述摘编［M］.北京：中央文献出版社，2024.

化表达。《周易》中说，"易穷则变，变则通，通则久"，这既表达了事物变化的客观规律性，也表达了"变通"的主观能动性。直到清末，变革思想传承不绝，有"变者，天下之公理也"之论。"正"者，不偏不倚之义。"守正"的文化传统在中华文化中更是特色鲜明，在各个领域都是一种重要的价值观。中国传统文化认为行事要正，养"正气"，行"正道"。在组织和国家治理中，要正人先正己，孔子说："苟正其身矣，于从政乎何有？不能正其身，如正人何？"在生活中，要首先做到行为端正，否则无法令人信服，所谓"身不正，不足以服"（徐祯稷《耻言》）。

"正"有一个对应范畴是"奇"，也并非贬义。《道德经》说"以正治国，以奇用兵，以无事取天下"，意思是说国家治理要守正，而用兵打仗则不必拘泥于"正"，要出奇制胜，而治理天下要无为而治。"正"和"奇"的辩证关系，在经济和商业领域就是"守正"与创新的关系。一些商业方略推崇用"奇"，是这种辩证关系的具体应用。

我国古代商业经营之道的核心是"君子爱财取之有道"。虽然经商之道讲究谋略、技巧，讲究灵活多变，但主流价值观仍是以守正为原则，不投机取巧。战国时期商业巨子白圭弃官从商，以"智勇仁强"为经营之道，经商用"仁"，是指要在是非上做取舍。他选择农产品、农村手工业原料和产品的大宗贸易为主要经营方向，而不从事当时非常容易暴富的珠宝生意，被传为守正佳话，这是古代版的"实体经济"与"虚拟经济"。中国古代金融业常有创新之举，多为实际生产需要，如北宋四川的交子是世界第一种纸币，是备受推崇的金融创新。我国古代钱庄的模式创新，基础是当时商品经济的发展，也是为商业发展而服务的。晋商票号在异地款项汇总的业务创新，在治理上的"掌柜制""顶身股制"等制度创新，"联号经营"等组织创新，成为我国古代金融创新的典范。

我国红色金融时期和改革开放之后的金融事业都极其富有创新精神。红色金融时期，金融人克服种种困难，在货币发行、制度设计、发放贷款、筹措资金、风险管理、金融斗争等方面积极创新，为解决战争资金问题和支持人民生产生活问题不断探索，最终冲破了经济金融封锁。改革开放以来，计划金融转型为市场金融，创新是金融的生命线，金融创新层出不穷，大量金融机构成立，金融市场不断健全，金融业保持了30年的繁荣景象，为经济发展作出了重要贡献。

在"五要五不"内容当中，守正创新的对立面是脱实向虚，因为脱实向虚是违背守正创新价值观的最突出形态，对经济和金融的危害最大。脱实向虚即资本脱离实体经济、在虚拟经济中"空转"的一种形态。脱实向虚主要表现为：金融资本不愿意流向实体经济，而越来越多的产业资本向金融业流动，导致实体经济有效投资不足，这种现象在2015年前后为甚。金融机构的金融工具过度创新和使用，大量资金通过各种创新工具（资产证券化、衍生品等）在虚拟经济里"空转"，进行"钱生钱"的资本游戏。一些金融机构打着创新旗号规避监管，进行监管套利，导致资金空转。实体企业金融化，导致大量产业资本实际上成为金融资本，实体企业主要依靠金融投资盈利，实体经济资金更加短缺。在一些实体企业那里，金融不是用来服务主业的工具，而是变成了投机、盈利的工具。

创新和追求卓越是我国很多金融机构的重要理念和价值观，创新活动非常丰富，所以如何"守正创新"显得尤为重要。

（二）如何理解和重塑中国特色金融文化的守正创新价值观？

中国特色金融文化的守正创新价值观是以人民为中心为守正标准的价值观，要坚决反对危害人民的利益和消费者利益。什么是金融行业的守正？创新的"正"与"不正"，首先要看"金融为谁服务"，主要标准之一是要看是不是坚持以人民为中心。"守正创新"的金融创新，意味着金融产品和服务的设计应充分考虑人民的实际需求，确保金融资源能够有效地服务于人民的日常生活和经济活动；要看创新活动有没有危害人民的利益，危害广大普通消费者、投资者的利益，创新要在法治化的轨道上进行。

中国特色金融文化的守正创新价值观是以服务实体经济

为守正标准的价值观，要坚决反对和遏制"脱实向虚"。创新"正"与"不正"，其次就是要看"为什么创新"。金融的天职是服务实体经济，金融创新当然也要服务实体经济，要看金融创新产品和服务与实体经济有多大关系，要看创新是否"脱实向虚"。"钱生钱"的虚拟经济游戏危害的是实体经济，危害的是全体人民的利益。实体经济是国民经济的基础，是社会财富的源泉。金融创新应以服务实体经济为导向，在守住正道的基础上推动产品创新、服务创新、模式创新和市场创新等多维创新，创新的共同目标是更好地服务实体经济，满足经济社会发展的需求。

中国特色金融文化的守正创新价值观是以市场化法治化保障创新的价值观，要警惕金融创新活动中的"伪创新"和"乱创新"。市场化有利于创新潜能的激发，有利于抓住人民群众的真实需求，法治化是创新合规性的保障。监管部门应加强对金融创新的引导和监督，确保创新活动始终服务于实体经济，促进经济和社会的全面、协调、可持续发展。在鼓励创新的同时，要警惕"伪创新"和"乱创新"活动。所谓"伪创新"，指的是那些名不副实、缺乏实质性改进的创新；而"乱创新"则是指那些盲目追求短期利益、忽视风险控制甚至危害人民群众利益的创新行为。这些行为不仅不能为满足人民实际需求和实体经济带来真正的价值，反而可能对金融稳定和消费者权益造成损害，都需要警惕并予以限制。

五、依法合规，不胡作非为

习近平总书记指出："五要依法合规，不胡作非为。金融运营特别讲究依法合规。金融机构和从业人员要严格遵纪守法，遵守金融监管要求，自觉在监管许可的范围内依法经营，不能靠钻法规和制度空子、规避监管来逐利，更不能撞红线、冲底线，游走于法外。"①

（一）依法合规价值观的中华传统与现实

"依法合规，不胡作非为"即依法合规价值观，是中国特色金融文化的运营观、经营观、法治观，反映了我国金融行业的金融治理思想。依法与合规是两个高度相关的不同范畴。依法合规的原则，体现对法治和规则的尊重，是金融稳定的重要保障。

中华优秀传统法律文化贯穿了中国文化发展史，法治思想在治国理政中一直具有重要地位。"法者，天下之准绳也""法者，天下之仪也"等理念，从古至今一直是国家治理的重要理念之一。中国传统法律文化，建立在对"礼"和"法"的双重尊重之上，具有礼法合一、礼法与法治相结合的传统。

---

① 中共中央党史和文献研究院.习近平关于金融工作论述摘编［M］.北京：中央文献出版社，2024.

"制礼以崇敬，立刑以明威"，这一理念精辟地概括了中国古代治理的智慧，强调了礼与法的并重。

合规之"规"，是比"法"范畴更大的准绳和规则。中国人是具有规矩意识和传统的民族。"不以规矩，不能成方圆"（《孟子·离娄上》），原意是再好的能工巧匠，如果不用圆规和曲尺，也不能准确地画出方形和圆形，引申为做事情要遵循一定的准绳和规则。我国古代社会的"规"，在法律之外基本就是指"礼"所规定的各类行为规范，是一套完整的社会规范体系。合规之"合"，是对规则的遵守，是更大范畴的规则意识。古代兵符的合一，是采取军事行动的前提条件，象征着行动的合规性和合法性，这也是"符合"这一词语的正源。

中国古代商业和金融体系有悠久的治理传统。我国古代商业有完善的法规、商事规范和市场管理制度，有专门的商业管理部门、官吏和场所，对商品质量、价格也做严格管理。我国古代金融领域的制度文化也比较丰富，有成熟的货币、交易监管制度，在铸币、借贷及利率、币值管理等方面有较为完整的治埋史。如秦时期的"金布律"是我国最早的货币管理法规，对黄金、铜钱和布匹作为货币流通有明确的规范；又如，宋代对高利贷资本进行法律上的限制，《宋刑统》规定"每月取利不得过六分，积日虽多，不得过一倍""又不得回利为本"，规定了高利贷的利率上限和收取利息的总量，并禁止复利。我国古代和近代传统金融机构在一定的法律、同业规范及公俗乡约等共同构成的合规环境下运营，形成了自身的合规文化。晋商票号多有自身的号规，有不同的自律规定。刻于晋商大院的"经济会通守纪律，言词安定去雕镌""行事莫将天理错，立身宜与古人争"等楹联，都是我国传统金融业敬天守法、合规自律文化的生动体现。古代典当业、钱庄、票号等金融业的合规文化传统还体现在同业组织的行业管理文化上，各时期同业组织的规约对金融机构都有较强的约束力。

我国当代非常重视合规文化建设及金融法治建设。改革开放以来，国家不断推出金融相关基础立法，包括《中国人民银行法》《商业银行法》《银行业监督管理法》《证券法》《保险法》等基础金融法律文件，同时政府部门推出金融类政府行政法规、部门规章及规范性文件等，起到了重要辅助作用。金融法律制度框架的建立，为新时期加强金融立法和金融监管打下了良好的基础，也为金融行业合规文化的建设提供了良好的法律环境。监管部门为预防金融违法犯罪，出台了相应的文件，如 2020 年印发的《中国银保监会办公厅关于预防银行业保险业从业人员金融违法犯罪的指导意见》。为防范与化解合规风险 ①，我国银行业及整个金融系统积极建设合规文

---

① 根据巴塞尔银行监管委员会发布的《合规与银行内部合规部门》，"合规风险"（Compliance Risk）指的是：银行因未能遵循法律法规、监管要求、规则、自律性组织制定的有关准则，以及适用于银行自身业务活动的行为准则，而可能遭受法律制裁或监管处罚、重大财务损失或声誉损失的风险。

化和内控文化，监管部门曾先后印发《商业银行合规风险管理指引》（银监发〔2006〕76号）、《保险公司合规管理办法》（保监发〔2016〕116号）、《证券公司合规管理实施指引》（中证协发〔2017〕208号）等合规管理法规性文件，促进了金融行业合规文化建设。2024年8月，国家金融监督管理总局发布《金融机构合规管理办法（征求意见稿）》向社会公开征求意见，在通知中明确旨在"深入贯彻中央金融工作会议精神，提升金融机构依法合规经营水平，培育中国特色金融文化"，首次在统一监管框架下完善合规管理制度。几十年来，我国金融业发展迅速，面对金融监管和企业内部治理的新挑战，我国金融机构在依法经营、合规管理方面做了很多工作，取得了一定的成效。中国工商银行、中国银行、中国人保等主要国有金融机构制定了内部合规相关制度，开展合规教育和培训，为金融行业合规文化建设作出贡献。

为了推动金融业健康发展，近年来监管部门通过开展互联网金融专项整治、扫黑除恶专项斗争、"三三四十"专项整治行动等相关专项整治行动，集中清理整顿市场乱象，有力净化了依法合规治理环境。

2017年3月，中国银监会启动了"三三四十"专项整治行动，这既是一次防范系统性金融风险的行动，也是促进银行业合规管理的行动。"三三四十"是指"三违反、三套利、四不当、十乱象"，其中，"三违反"指违反金融法律、违反监管规则、违反内部规章，"三套利"指监管套利、空转套利、关联套利，"四不当"指不当创新、不当交易、不当激励、不当收费，"十乱象"指股权和对外投资、机构及高管、规章制度、业务、产品、人员行为、行业廉洁风险、监管履职、内外勾结违法、涉及非法金融活动等十个方面市场乱象。经过九个月的工作，专项行动取得阶段性成效，银行业经营发展呈现出积极变化，整体保持稳中有进的良好态势。① 随后，中国银监会印发《关于进一步深化整治银行业市场乱象的通知》，力图在全国范围内进一步深化整治银行业市场乱象，切实巩固前期专项治理成果。

2022 年起开展的清廉金融文化建设，是依法合规文化建设的一个重要方面。2022 年 2 月，中共中央办公厅印发的《关于加强新时代廉洁文化建设的意见》提出，"一体推进不敢腐、不能腐、不想腐，不仅是反腐败斗争的基本方针，也是新时代全面从严治党的重要方略；'不想'是根本，要靠加强理想信念教育，靠提高党性觉悟，靠涵养廉洁文化，夯实不忘初心、牢记使命的思想根基""全面从严治党，既要靠治标，猛药去疴，重典治乱；也要靠治本，正心修身，涵养文化，守

---

① 根据中国银监会 2018 年 1 月公布的数据，各级监管机构分别检查发现"三违反"问题 11534 个，涉及金额 4.15 万亿元；发现"三套利"问题 4060 个，涉及金额 3.78 万亿元；发现"四不当"问题 1.28 万个，涉及业务金额 6.16 万亿元；发现"十乱象"问题 3.13 万个，涉及金额 3.56 万亿元。

住为政之本"。廉洁文化建设的作用是"治本"，是要从人心、人性上解决问题。为落实党中央《关于加强新时代廉洁文化建设的意见》，2022 年 3 月，中国证监会党委印发《关于加强系统廉洁文化建设的实施意见》；2022 年 5 月，中国银保监会印发《关于深入推进银保监会系统清廉金融文化建设的指导意见（试行）》，明确全面培育系统清廉金融文化生态、树牢清廉监管文化理念、推动银行保险机构廉洁从业、深化清廉金融文化宣传与研究等四个方面任务，为推动形成"监管引领、协会搭台、机构推进、社会共建"的清廉金融文化建设提供制度保障。近年来，银保监会系统、各银行保险机构将清廉金融文化建设与监管文化建设相结合，将清廉金融文化与企业文化、合规文化有机结合，将廉洁文化建设融入公司治理、内控合规、业务经营等环节，开展了形式多样、各具特色的清廉金融文化创建活动，进行了很多有益探索。

各地积极响应，深入推进清廉金融文化建设。如 2021 年 4 月北京银保监局修订了《北京银行保险机构高管人员任职资格审查暂行办法》，把清廉从业情况作为高管资格准入的必要考察内容；将清廉金融文化建设要求纳入年度监管通报、监管意见书、消费者保护评价等。北京还开展了"送清廉金融文化进基层""清廉金融文化进高校""辖内机构党委书记、纪委书记谈清廉金融文化"主题征文等活动。2023 年 12 月，国家金融监督管理总局深圳监管局、中国人民银行深圳市分行、中国证券监督管理委员会深圳监管局、深圳市地方金融监督管理局联合推出覆盖金融全行业的《关于推进深圳清廉金融文化建设的指导意见（试行）》，明确提出要坚持以习近平新时代中国特色社会主义思想为指导，坚持惩治震慑、制度约束、提高觉悟一体发力，推动深圳金融业树立以清为美、以廉为荣的价值取向，共同建设"金融监管清正、金融业者清廉、金融主体清朗、金融生态清明"的深圳清廉金融文化。

但是，我国金融行业的依法合规文化建设仍存在很多问题，依法合规价值观相对薄弱，违法乱纪案件频发，形势仍然是严峻的。一些机构靠钻法规和制度空子、规避监管来逐利，大搞"纸面合规"，不惜"撞红线、冲底线"。金融系统职务犯罪屡禁不止，腐败案件涉及面广，作案手段复杂，危害性大。一些案件涉及金额巨大，令人瞠目结舌。互联网金融平台、私募领域的非法集资犯罪高发，是近年来破坏金融市场的主要犯罪形式之一。依法合规的反面是"胡作非为"。中央在这条价值观的陈述用语上是非常严厉的。胡作非为，本质上是对规则的挑战，是对法律的嘲笑，是对监管的漠视，是在利益追求上的不择手段。由于对个人、利益、自由等价值观的过度强调，西方发达资本主义国家金融文化的演进已经进入"胡作非为"的状态，金融机构与法律博弈，游走在合规边缘，为了利益不择手段，这种倾向非常值得我国金融界警惕。

（二）如何理解和重塑中国特色金融文化的依法合规价值观？

依法合规价值观是将中华优秀传统法律文化与现代金融实践相结合的价值观，要传承中华优秀传统法律文化。党的二十大报告指出："弘扬社会主义法治精神，传承中华优秀传统法律文化，引导全体人民做社会主义法治的忠实崇尚者、自觉遵守者、坚定捍卫者。"中华法系是世界五大法系之一，有悠久的法律文化传统，能够为当代金融法治提供文化支撑。改革开放以来，我国经济相关领域的法治建设受西方影响较大，中华优秀传统法律文化反倒被忽视了。实际上我国古代很多法律思想观念仍值得在依法合规文化建设中被传承和借鉴，如强调社会秩序与和谐的价值取向，"出礼入刑、隆礼重法"的礼法结合治理思想，"民惟邦本"的"仁政"传统，"德主刑辅、明德慎罚"的慎刑思想等。

依法合规价值观是依法与合规相统一的价值观，要推动金融法治建设与金融机构合规管理相结合。中央金融工作会议提出，"要加强金融法治建设，及时推进金融重点领域和新兴领域立法，为金融业发展保驾护航"。加强金融法治建设，推动金融法律与其他法律法规的有效衔接，完善部门规章和规范性文件，同时还应与金融机构合规管理紧密结合。金融机构要加强法律法规学习，坚持依法治企。金融机构的合规规范的范畴更广，包含除法律和行政法规以外的部门规章及规范性文件、行业自律规范，以及金融机构内部规范等。金融机构要积极开展建立合规制度、完善运行机制、培育合规文化、强化监督问责等合规管理活动。

依法合规价值观是社会多方参与协同的共治观。金融文化建设需要金融机构、行业组织、监管部门等多部门协同，同时发挥从业人员的治理参与热情，形成共同治理的生态。金融机构要加强合规管理，建立健全内部控制机制，确保创新活动的风险处于可控范围内。银行业应在培育和践行中国特色金融文化方面发挥引领作用，加强指导和引导，丰富和完善行业行为规范。监管部门要不断优化监管方式，既要严格监管，防范风险，也要为金融创新提供足够的空间，鼓励金融机构进行合理创新。此外，社会各界也应当增强金融法治意识，共同营造一个有利于金融创新和法治建设的社会环境。

依法合规价值观是强化监管与促进发展相协调的治理观。培育依法合规文化，意味着同时要加强监管，培育监管文化。那么强化监管与促进发展的关系需要协调平衡，这是实现金融市场长期稳定和繁荣的关键。既要确保金融创新在法治的轨道上进行，同时也要注意不能因为过度司法阻碍市场创新和企业发展。依法合规、强化监管是发展的前提。金融发展必须在遵守法律法规的基础上进行，确保发展不偏离正确的轨道，不损害金融市场的稳定和公众利益。同时，法治建设和监管也应不断审视和完善相关法律法规，以适应金融创新的需要。立法机关和监管机构应当密切关注金融市场的发展动态，及时修订和完善相关法规，为金融发展提供明确的法律指引和支持。

第六章

行为规范：以规矩绘就金融文化蓝图

导读： 不以规矩，不能成方圆，规矩就是行为规范。规范是价值观的驰行通道。中国特色金融文化体系，不仅要有高屋建瓴的思想指引，有完善的理念系统，有独特的价值观体系，更需要有完备的行为规范系统。中国特色金融文化的理念和价值观要体现在行为规范和实际行动当中。本章将从政府层面、行业层面、企业层面三个维度，探讨中国特色金融文化的行为规范。

一、政府层面行为规范：构建规范体系

（一）文化体系行为规范的法律基础

政府部门（广义的政府）制定不同形式的行为规范约束全体公民，体现在法律法规和规划、计划等政策性文件中。从行业文化或组织文化建设视角上，法律法规（宪法、法律、行政法规、地方性法规、规章等）不属于文化范畴的行为规范，但法律法规对组织行为和个人行为的约束，是一种强制性约束，是文化建设行为规范的最后一道"防线"，构成了金融文化体系中的行为规范的法律基础。

我国金融法律法规体系主要由《中华人民共和国中国人民银行法》《中华人民共和国商业银行法》《中华人民共和国银行业监督管理法》《中华人民共和国保险法》《中华人民共和国证券法》《中华人民共和国证券投资基金法》《中华人民共和国反洗钱法》等一系列基础性法律，国务院制定的金融相关的行政法规及地方性法规、规章等构成。

法律是国家制定并通过强制力实施的特殊行为规范，明确规定了社会成员应当遵循的行为准则，依靠国家强制力保障实施，具有普遍的约束力。同时，这些法律对金融活动相

关组织行为和从业人员行为都提出了具体要求。

例如，《中华人民共和国商业银行法》不仅明确了对商业银行的法律责任，还对个人行为提出了具体的法律约束。其主要条款包括：

第八十四条 商业银行工作人员利用职务上的便利，索取、收受贿赂或者违反国家规定收受各种名义的回扣、手续费，构成犯罪的，依法追究刑事责任；尚不构成犯罪的，应当给予纪律处分。

有前款行为，发放贷款或者提供担保造成损失的，应当承担全部或者部分赔偿责任。

第八十五条 商业银行工作人员利用职务上的便利，贪污、挪用、侵占本行或者客户资金，构成犯罪的，依法追究刑事责任；尚不构成犯罪的，应当给予纪律处分。

第八十六条 商业银行工作人员违反本法规定玩忽职守造成损失的，应当给予纪律处分；构成犯罪的，依法追究刑事责任。

违反规定徇私向亲属、朋友发放贷款或者提供担保造成损失的，应当承担全部或者部分赔偿责任。

第八十七条 商业银行工作人员泄露在任职期间知悉的国家秘密、商业秘密的，应当给予纪律处分；构成犯罪的，依法追究刑事责任。

第八十八条　单位或者个人强令商业银行发放贷款或者提供担保的，应当对直接负责的主管人员和其他直接责任人员或者个人给予纪律处分；造成损失的，应当承担全部或者部分赔偿责任。

商业银行的工作人员对单位或者个人强令其发放贷款或者提供担保未予拒绝的，应当给予纪律处分；造成损失的，应当承担相应的赔偿责任。

同样，《中华人民共和国保险法》《中华人民共和国证券法》《中华人民共和国反洗钱法》等基础法律对组织行为和从业人员的个人行为都有明确的法律约束。

从法治和德治相结合的角度看，法律所规定的行为规范在中国特色金融文化体系中具有特殊意义。通过强制性法律条文，法律确保所有市场参与者在既定行为规范下行动；而以金融文化为核心的德治治理，则通过道德规范引导金融从业人员的行为和价值观。法治和德治相辅相成，构建了推动中国特色金融文化行为规范的双重保障机制。

法律的强制性约束是金融行为规范的底线，而文化建设通过提升道德自律，推动金融行业形成一致的规范认同。因此，在国家金融战略的高度下，法律所规定的行为规范不仅是法律问题，更应被视为金融文化建设的重要组成部分。

（二）政府部门制定的专门行为规范

金融领域专门行为规范主要是政府部门以部门规章及规范性文件形式出台的金融从业者的行为准则，这些专门行为规范在文化建设中具有较强的约束力。

2009 年 2 月，中国银监会印发《银行业金融机构从业人员职业操守指引》，共计十四条，职业操守的主要内容涉及知法守法、规范操作、遵循公平竞争、客户至上、尊重隐私、热心公益、回避利益冲突、廉洁从业等方面。这是银行业从业人员职业操守的标准要求，为银行业金融机构建立符合科学发展观要求的选人用人机制，加强从业人员队伍建设提供了一个标杆。

2018 年 3 月，中国银监会印发《银行业金融机构从业人员行为管理指引》，包括总则、从业人员行为管理的治理架构、从业人员行为管理的制度建设、从业人员行为管理的监管和附则共五章 28 条，《指引》指出："银行业金融机构对本机构从业人员行为管理承担主体责任。银行业金融机构应加强对从业人员行为的管理，使其保持良好的职业操守，诚实守信、勤勉尽责，坚持依法经营、合规操作，遵守工作纪律和保密原则，严格执行廉洁从业的各项规定。"

除了对金融业从业人员的行为进行规范，政府监管部门人员的行为规范也得到了相应的规定。例如，2009 年中国证监会修订并发布了《中国证监会工作人员行为准则》，明确了监管人员在履职过程中的行为标准。同年，中国保监会发布了《保险监管人员行为准则》和《保险从业人员行为准则》，分别对监管人员和经营从业人员的执业行为提出倡导性和禁止性的要求。这一系列准则有助于提升保险监管人员和保险从业人员整体素质，进一步规范其职业行为，特别是在依法合规、诚实守信、爱岗敬业、专业胜任、公平竞争等方面，明确了行为要求。

2018年，中国银保监会发布了《保险经纪人监管规定》等，进一步规范了保险从业人员的行为准则。2023年4月，中国保险资产管理业协会发布的《保险资产管理业从业人员职业操守和行为准则》将诚信、保密、合规、竞争、反洗钱、清廉文化等作为重点，要求从业人员时刻将纪律和规矩挺在前面，尤其注重防范信用风险、流动性风险、操作风险、声誉风险及廉洁风险等各类风险。

此外，政府部门也通过相关政策性文件进一步明确了金融从业人员的行为规范。比如，2013年4月，中国保监会印发《关于加强保险行业文化建设的意见》，该文件强调了保险行业文化建设的重要性，并对从业人员提出了具体的行为要求。2020年2月印发《中国银保监会办公厅关于预防银行业保险业从业人员金融违法犯罪的指导意见》，进一步细化了预防和打击金融从业人员违法犯罪行为的措施。

表 6-1　作为金融文化行为规范基础的主要法律法规

发布机构	发布时间	法律 / 法规名称	核心内容描述
全国人大常委会	1995 年 3 月 18 日（2003 年修正）	《中华人民共和国 中国人民银行法》	规定中国人民银行的职责、权限和业务范围，强调其在金融宏观调控和金融监管中的核心地位
全国人大常委会	1995 年 6 月 30 日（2002、2014、2015 年三次修正）	《中华人民共和国 保险法》	规定保险公司的设立、运营以及保险合同的基本规则
全国人大常委会	1995 年 5 月 10 日（2003、2015 年两次修正）	《中华人民共和国 商业银行法》	规范商业银行的设立、运营和监管
全国人大常委会	1998 年 12 月 29 日（2004、2013、2015 年三次修正；2005、2019 年两次修订）	《中华人民共和国 证券法》	规范证券发行、交易和市场监管
全国人大常委会	2003 年 12 月 27 日（2006 年 10 月 31 日修改）	《中华人民共和国银行业监督管理法》	规定银行业监督管理机构的职责、权限和监管程序，确保银行业的稳健运行和公平竞争
全国人大常委会	2003 年 10 月 28 日（2015 年 4 月 24 日修正）	《中华人民共和国 证券投资基金法》	规范证券投资基金的募集、运作和管理，保护基金份额持有人的合法权益，促进证券投资基金市场的健康发展

续表

发布机构	发布时间	法律/法规名称	核心内容描述
全国人大常委会	2006年10月31日	《中华人民共和国反洗钱法》	规定金融机构在反洗钱和反恐怖融资方面的责任
中国证监会	2006年7月5日（2008，2016，2020年三次修订）	《证券公司风险控制指标管理办法》	建立以净资本为核心的风险控制指标体系，加强证券公司风险监管，督促证券公司加强内部控制，防范风险
中国保监会	2009年2月28日	《保险监管人员行为准则》	规范保险监管人员行为，提高监管效能
中国保监会	2009年2月28日	《保险从业人员行为准则》	提升保险从业人员的职业操守和行为标准
中国银保监会	2018年1月17日	《保险经纪人监管规定》	对保险经纪人的行为进行详细规范
国家金融监督管理总局	2023年11月1日	《商业银行资本管理办法》	加强商业银行资本监管，维护银行体系安全、稳健运行，保护存款人利益
国家金融监督管理总局	2023年12月27日	《银行保险机构操作风险管理办法》	进一步完善银行保险机构操作风险监管规则，提升银行保险机构的操作风险管理水平

二、行业层面行为规范：塑造行业自律

（一）金融行业文化建设指引中的行为规范

我国金融行业组织（行业自律组织）属于社会团体，在金融文化建设方面具有特殊的作用。这类组织主要有：中国银行业协会、中国证券业协会、中国证券投资基金业协会、中国期货业协会、中国保险行业协会、中国信托业协会、中国保险资产管理业协会、中国银行间市场交易商协会、中国互联网金融协会等。

行业自律组织制定并发布的行为规范，对行业内所有成员组织和从业人员都有约束力。在行业自律组织制定发布的行业文化建设总体性文件（指引、准则等）中，行为规范是其中重要的内容。

2021 年，中国证券业协会发布的《证券行业文化建设十要素》是金融领域行业文化建设中的典范文件，明确了将合规、诚信、专业、稳健作为行业文化的核心价值观。该文件将证券行业文化建设分为三个层次十个方面，其中第一层即为行为层，包括平衡各方利益、建立长效激励、加强声誉约束、落实责任担当。行为层的相关规定，是对行业行为规范的直接阐述，指出："文化建设的成效可以直接通过证券公司及其工作人员的行为表现作出分析判断。当价值追求、经营

理念、行为规范变为一种行为习惯，成为证券公司及其工作人员的鲜明标识和共同气质，才能最终形成普遍的、自发的价值认同和文化积淀。"

2020年6月，中国信托业协会发布了《信托公司信托文化建设指引》。这个指引对信托公司的组织行为和员工行为规范有指导性规定，如"信托公司应通过优化考评机制和薪酬安排，激励维护公司诚信、增强专业能力的行为，纠正过分追求短期回报、忽视受益人合法权益的不当行为"。又如，"信托公司应规范员工日常从业，将良好信托文化养成于日常行为。信托公司应锻炼和培养一批具备信托经营理念、专业素养高、合规意识强的高素质人才队伍"。2022年12月，中国信托业协会发布了《信托公司信托文化建设工作手册》，分别从定义特征、总体安排、战略规划、组织机构、制度体系、业务管理、投资者服务、员工行为规范、宣传培训、效果评价、保障机制等方面提出了信托文化建设的相关要求，行为规范也是其中重要内容之一。

（二）专门的行为准则

金融行业组织通过自律机制制定的一系列专门的行为准则，能够为金融机构和金融从业人员提供明确的指引。

2007年2月9日，中国银行业协会审议通过的《银行业从业人员职业操守》是我国银行业首部系统、完整的职业操守规定。2020 年 9 月，中国银行业协会修订发布了《银行业从业人员职业操守和行为准则》，对 2007 年的规范进行了全面修订：框架上不再按照与客户、同事等主体关系展开，而是按照规范职业操守和行为准则的目标设定框架；内容上结合监管要求和行业需求予以充实和完善；适用对象上尽量对银行业相关从业人员实现全覆盖。《银行业从业人员职业操守和行为准则》提炼了七项职业操守、三类行为规范、两个服务核心和一项名单惩戒机制。其中，七项职业操守包括爱国爱行、诚实守信、依法合规、专业胜任、勤勉履职、服务为本、严守秘密；三类行为规范包括"行为守法、业务合规和履职遵纪"；两个服务核心为"保护客户合法权益和维护国家金融安全"；一项名单惩戒机制包括"黑名单""灰名单"及相关制度。

2020 年 8 月，中国证券业协会发布《证券从业人员职业道德准则》。2024 年 5 月，修订后的《证券从业人员职业道德准则》征求业内意见。2024 年 9 月 2 日，中国证券业协会发布修订后的《证券从业人员职业道德准则》，内容根据习近平总书记在省部级主要领导干部推动金融高质量发展专题研讨班上的重要讲话精神及"五要五不"中国特色金融文化基本内容进行了重点调整，条款包括"诚实守信，专业尽职""以义取利，珍惜声誉""稳健审慎，致力长远""守正创新，益国利民""依法合规，廉洁自律""尊重包容，共同发展"六项核心内容。

根据中国保监会《保险从业人员行为准则》，中国保险行业协会于 2009 年 9 月 9 日正式发布了《保险从业人员行为准则实施细则》，共七章三十五条，主要内容包括"保险人员基本行为准则""保险机构高级管理人员行为准则""保险销售、理赔和客户服务人员行为准则""公平竞争准则"等。该细则还明确规定了"奖励与处分"条款，其中处分手段为：警告；业内通报批评；通过媒体公开谴责；提请保险监管机构查处；从业禁止。《细则》指出，本细则是保险从业人员应当遵守的基本行为规范，是机构和行业自律组织对保险从业人员进行奖励和处分的依据。

行业自律组织制定发布的行为规范具有一定的约束力。这些行为规范上承法律法规层面的行为规范，下引金融机构层面的行为规范，是金融文化行为规范体系的主体。

表 6-2 行业自律组织发布的主要行为规范及相关文件

发布机构	发布时间	文件名称	核心内容描述
中国银行业协会	2006 年 3 月 3 日	《中国银行业自律公约》	加强银行业自律管理
中国银行业协会	2007 年 2 月 9 日	《银行业从业人员职业操守》	规范银行业从业人员职业行为，提高中国银行业从业人员整体素质和职业道德水准
中国证券业协会	2009 年 1 月 19 日	《证券业从业人员执业行为准则》	规范证券业从业人员的行为准则
中国保险行业协会	2009 年 9 月	《保险从业人员行为准则实施细则》	提升保险行业职业操守和行为标准
中国证券业协会	2018 年 4 月 21 日	《中国证券业协会会员反洗钱工作指引》	指导会员进行反洗钱工作
中国互联网金融协会	2018 年 6 月 13 日	《互联网金融从业机构营销和宣传活动自律公约（试行）》	引导互联网金融从业机构加强对个人信息保护、知识产权保护等方面的行为规范
中国信托业协会	2020 年 6 月	《信托公司信托文化建设指引》	指导信托公司文化建设中融入行为规范

续表

发布机构	发布时间	文件名称	核心内容描述
中国证券业协会	2020 年 8 月（2024 年 9 月 2 日修订）	《证券从业人员职业道德准则》	引导证券行业深入践行"合规、诚信、专业、稳健"的行业文化理念，加强证券从业人员职业道德建设，防范道德风险，维护行业声誉，促进行业持续健康发展。弘扬中华优秀传统文化，引导行业机构和证券从业人员积极践行"五要五不"中国特色金融文化、强化从业人员道德建设，加强投资者保护
中国银行业协会	2020 年 9 月 7 日	《银行业从业人员职业操守和行为准则》	强调银行业诚信经营和职业操守
中国保险资产管理业协会	2021 年 4 月 27 日	《中国保险资产管理行业清廉文化建设倡议书》	倡导行业内清廉文化建设
中国证券业协会	2021 年 5 月 14 日	《证券公司投资者权益保护工作规范》	指导证券公司加强投资者保护工作
中国证券业协会	2021 年 12 月 28 日	《证券行业文化建设十要素》	推动"合规、诚信、专业、稳健"的证券行业文化理念落实落地，不断提升证券文化"软实力"和核心竞争力，优化行业发展生态

续表

发布机构	发布时间	文件名称	核心内容描述
中国证券业协会	2022 年 5 月 20 日	《证券行业执业声誉信息管理办法》	强化行业诚信与声誉管理、推行合规、诚信、专业、稳健的行业文化
中国信托业协会	2022 年 12 月	《信托公司信托文化建设工作手册》	信托文化建设的总体要求、基本要素、操作规范
中国证券业协会	2023 年 4 月 14 日	《树立证券行业荣辱观的倡议书》	强化从业人员道德水平建设、规范行业机构及从业人员行为、防范拜金主义、享乐主义和个人主义等不良风气
中国保险资产管理业协会	2023 年 12 月	《中国保险资产管理行业加强文化建设倡议书》	加强保险资产管理行业文化建设
中国银行业协会	2023 年 12 月 30 日	《中国银行业理财业务自律规范》	加强理财业务自律，规范理财产品业绩展示
中国银行业协会	2023 年 12 月 30 日	《理财产品业绩比较基准展示行为准则》	加强理财业务自律，规范理财产品业绩展示

三、企业层面行为规范：提升企业竞争力

（一）金融企业文化建设方案中的行为规范

金融企业制定的行为规范是企业文化建设的重要内容，是确保企业稳定运行、维护市场秩序、提升企业形象的重要措施。改革开放以来，在从计划金融向市场金融转型过程中，我国金融机构非常重视企业文化建设和行为规范的建立，很多机构都建立了符合自身特点的企业文化体系，制定了系统的文化建设方案，主要文本形式是"企业文化手册"，用以指导企业文化建设。在这些企业文化手册中，行为文化、行为准则是其中最重要的内容之一。

以《中国工商银行企业文化手册》为例，该手册明确规定了客户服务、内部管理和合规操作等方面的行为准则。手册中的客户服务标准包括客户沟通、服务态度和问题处理等方面的要求，确保员工在与客户互动时做到专业、诚信和高效。内部管理准则对员工的职业行为、工作纪律和团队合作提出了明确要求，确保企业内部的高效有序运行。合规操作要求则强调法律法规的遵守，要求员工在处理业务时始终保持高度的法律意识，防范法律风险。这些行为规范不仅有助于提升企业形象，还在员工中树立了良好的职业道德观念，形成了积极的企业文化。

又如,《中国人民财产保险股份有限公司企业文化手册》中指出,该公司制定的"公司员工行为准则"是公司行为文化建设的范本,凝聚了广大员工的智慧,符合建设国内领先、国际一流知识型、现代化非寿险公众公司的战略目标和中国人保财险企业文化理念,适用于公司全体员工及代理、营销人员。该手册规定,员工行为准则的主要内容为:爱司奉献;遵纪守法;守信践诺;锐意创新;和谐互助;举止文雅。大力倡导对客户诚信为怀,对同事相助为乐,对公司忠诚为本,对社会奉献为荣。该手册要求各分支机构从加强员工队伍建设和培育企业文化的高度,把员工行为准则作为提升公司经营管理水平的重点基础工程。

(二)金融企业专门行为规范

很多金融机构都制定有专门的行为规范及配套制度。行为规范主要以禁止性、提倡性条文来体现。金融机构在制定行为规范时,会综合考虑自身业务特点、市场环境、风险偏好及相关法律法规的要求,确保规范具有合法合规性、可操作性和针对性,以规范员工日常行为,并反映企业的核心价值观和社会责任。

专门的行为规范有多种形式,主要形式是"员工行为守则""员工行为准则"等,如前述《中国人民财产保险股份有限公司员工行为准则》《中国农业银行员工行为守则》。《中国农业银行员工行为守则》的总则分为爱岗敬业、诚实守信、勤勉尽责、依法合规四个部分；分则有保密义务、利益冲突、客户关系、公平竞争、廉洁自律、同事关系、日常办公、职业形象、监督举报九个部分。有些金融机构的专门行为规范是针对某个特定领域，如中国建设银行制定过的《中国建设银行员工违规处理办法》专门给出违规的处理办法，内容涵盖银行经营管理和业务工作的各个方面，包括采购、信贷、结算、柜面、资金与价格管理、外汇、银行卡、渠道与营运、信息技术等。有些金融机构的专门行为规范是为了突出某个方面而设计的，如招商银行制定过的《招商银行正风肃纪十项铁律》，主要是强调严禁事项，突出约束刚性，包括严禁利用职务收受不当利益等十项规定。

在早期，大多数机构都有专门的员工守则、员工行为规范等专门制度，这些行为规范在企业文化系统建立之前是"单行本"，后期则多数合并为整体的企业文化建设体系。

为确保这些规范在企业内部得到有效贯彻实施，我国很多金融企业采取一系列实施措施，如员工培训、内部审计、定期考核，推动行为规范的持续改进。

金融企业行为规范的制定与实施是一个不断完善的过程。通过科学的制定原则、有效的实施措施和持续的改进机制，企业可以确保行为规范真正发挥作用，从而提升企业的核心竞争力和市场声誉。通过行为规范的有效管理，金融企业不仅能够维护自身的合规性和稳定性，还能在市场中树立良好的品牌形象，实现长期可持续发展。

金融企业行为规范的有效执行依赖于健全的监督与评估机制。这些机制不仅包括对日常操作的监控，更是对企业整体行为规范持续性的保障。一个多层次、多维度的审查体系是监督机制的核心，涵盖了内部审计、外部审查和员工反馈渠道，确保企业各个层面的行为规范得到全面落实。为进一步增强监督与评估的效果，企业可以采取信息化手段。

第七章

场景实践：一些经验与事例

■■■■ **导读**：积极培育中国特色金融文化是一个系统性工程，要总结经验，重视基础工作，要把握一些重点抓手。要特别关注一些具体实践中的场景和工作领域，如开展金融主题的文化节庆活动，通过新闻传媒、影视、文学作品、网络等文化阵地宣传金融文化，在金融创新活动中践行金融文化，还有紧抓基层工作，以党建工作引领文化建设等。本章将分享一些经验和事例，以期对未来的中国特色金融文化培育工作有所助益。

一、金融文化活动：金融文化的生动实践

在金融文化建设中，举办多样化的文化活动是不可或缺的实践手段。这些活动不仅丰富了金融文化的表现形式，还为金融机构在社会中树立良好的形象、增强员工的文化认同感提供了强大的支持。

（一）金融文化节庆会展活动

金融主题的文化节庆活动在金融文化建设中具有独特的重要性。这些活动不仅展示了金融机构的文化内涵和价值理念，还通过丰富的形式传播金融知识，增强公众对金融行业的认知和信任。

以中国（广州）国际金融交易·博览会为例，这一大型展览活动吸引了来自全球的金融机构和观众。博览会通过展区设置、现场讲座、互动体验等形式，展示了金融科技、金融产品以及行业创新成果。例如，博览会现场设有模拟交易体验区，观众可以亲身体验金融产品和服务的操作流程，了解最新的金融科技应用。这种形式的活动不仅增加了公众对金融行业的认知，也提升了金融机构的品牌形象。2024年

9月，国家金融监督管理总局、中国人民银行、中国证监会联合开展"金融教育宣传月"活动。活动以"金融为民谱新篇 守护权益防风险"为口号，以教育活动为切入点，以金融为民为出发点，广泛普及金融知识，完善金融惠民利民举措，同时结合地域特色、资源优势、基层群众需求，因地制宜、分类施策开展教育宣传，擦亮金融为民底色，推动金融知识直达基层群众。在启动仪式上，金融业为民办实事举措范例、年度受欢迎的金融教育作品和防范非法集资短视频征集大赛精选获奖作品集中发布。这种活动不仅提升了公众的金融素养，还加强了金融行业的社会责任感。中国工商银行举办的"工行金融文化节"通过金融论坛、展览展示、互动体验等多种形式，集中展示了工商银行在金融科技、绿色金融、普惠金融等领域的创新成果。活动期间，公众可以通过参与互动环节，深入了解银行的最新产品和服务，感受到金融创新带来的便捷性和安全性。这种集中展示不仅增强了工商银行的品牌影响力，也拉近了金融机构与公众之间的距离，提升了公众对金融文化的认同感和信任感。

金融文化节庆活动通常具有以下几个特点：一是活动形式多样化，包括展览、讲座、竞赛等，能吸引不同背景的观众；二是注重互动体验，使观众能够亲身参与并获得直接的金融知识；三是结合娱乐与教育，通过寓教于乐的方式提升金融知识的普及效果。

金融主题的论坛与研讨会同样是金融文化传播的重要平台，通过这种形式，金融机构不仅能够展示自身的专业实力，还能够促进思想交流和政策解读。具体而言，金融论坛与研讨会具有多重功能，既是金融从业者提升专业素养的机会，也是金融文化传播的重要途径。

以中国工商银行为例，该行定期举办"工行金融论坛"，邀请来自政府部门、学术界和业界的专家，围绕国家经济形势、金融政策走向等主题展开深入讨论。这些论坛不仅为政策制定者提供了科学决策的依据，还为金融从业者提供了一个深入学习和交流的平台。通过这样的活动，参与者能够及时了解国家宏观经济政策的最新动态，深入掌握行业前沿知识，提升对市场的敏锐度和判断力。

针对基层金融从业者，金融论坛与研讨会也起到了重要的教育和培训作用。例如，招商银行在其举办的"招银金融讲堂"中，特别开设了基层员工培训班，培训内容涵盖金融风险管理、客户关系维护等实际操作技能。这些活动不仅提升了基层员工的专业能力，也增强了他们对金融文化的认同感和归属感。

金融展览与展示也是金融文化传播的重要方式，通过直观的视觉体验，有效提升公众对金融行业的认知和理解。这类活动通常展示金融产品、服务和创新成果，形式上不只包括传统的线下展览，还包括利用现代技术手段进行线上虚拟展览。

以中国平安为例，该公司定期举办"平安金融展"，通过展览形式展示其最新的金融科技成果和创新产品。在展览中，平安利用虚拟现实（VR）技术，搭建"金融VR展馆show""反诈体验馆"，创建了沉浸式的金融服务体验区，让消费者"身临其境"学习金融知识，使参观者能够亲身体验金融科技如何改变传统的金融服务模式。例如，通过VR技术，观众可以体验智能理财顾问的操作过程，了解如何通过人工智能技术进行资产管理。这种直观的展示方式不仅让公众更容易理解复杂的金融产品，还增强了他们对金融科技的兴趣和信任。

另一个案例是中国建设银行举办的"建行金融文化展"。该展览以"历史与未来"为主题，展示了银行从创立至今的发展历程和未来的创新方向。在展览中，建设银行通过大量的实物展品、互动体验和多媒体展示，向公众介绍了银行的历史、重要政策以及金融创新的成果。例如，展览展示了银行早期的纸质存折和现代的数字银行服务，体现了金融行业的历史演变和技术进步。这种展览不仅提升了公众对银行业务的认知，也加深了他们对金融行业发展的理解。

金融展览与展示还可以成为金融机构品牌推广的重要途径。例如，招商银行通过"数字金融展厅"展示了其在金融科技领域的创新成就，如区块链技术的应用和人工智能客服系统。通过这种方式,招商银行不仅展示了自身的创新能力和服务理念,还与客户建立了更紧密的联系。这种展示形式通过现场互动、专家讲解和数字化展示等手段,提升了公众对金融产品和服务的理解,增强了品牌形象和市场竞争力。

(二)金融知识普及教育

金融知识普及教育的核心目的是提升公众的金融素养,增强他们对金融产品和服务的理解,同时提升风险防范能力。通过系统的金融知识普及,社会整体的金融素质得到提高,有利于金融文化的传播和金融环境的和谐。

线下金融知识普及活动是金融机构推广金融教育的传统方式。以工商银行为例,该行定期在全国范围内举办金融知识普及讲座和金融知识竞赛。例如,在其"金融知识进万家"活动中,工商银行邀请金融专家和学者,走进社区、学校和企事业单位,开展金融风险防范和金融产品使用的讲座。通过现场互动、案例分析和问答环节,公众能够直观地学习到如何管理个人财务、合理使用金融产品以及防范金融诈骗。这种面对面的交流不仅让参与者更好地理解金融知识,还能够解决他们在实际生活中遇到的金融问题。中国建设银行在多地举办的"金融文化巡展"活动,通过展览、讲座、互动游戏等多种形式,让公众在轻松愉快的氛围中学习金融知识。活动设置了丰富的互动环节,如模拟投资、理财知识竞赛等,让参与者在游戏中了解金融运作的基本原理，提高他们的金融素养。此外，活动还邀请了金融专家和学者进行现场讲解，帮助公众更深入地理解金融产品和服务的特点。这种互动性强、参与感高的活动形式，既提升了金融文化的传播效果，也扩大了建设银行的社会影响力。

线上金融教育随着互联网的发展成为重要的普及渠道。以工商银行的"金融知识在线学习平台"为例，该平台通过官方网站和移动应用，提供各种形式的金融教育内容，包括微课程、视频教程和互动问答。这些内容涵盖了基础的金融知识与复杂的投资理财策略，用户可以根据自己的需求选择合适的学习模块。特别是在数字化背景下，平台的灵活性和可及性使得金融知识能够迅速传播，覆盖到更多的受众群体。定制化金融教育也是金融知识普及的重要手段。例如，交通银行推出了针对青少年和老年人的金融教育项目。对于青少年，交通银行设计了"金融小达人"系列课程，通过趣味性强的游戏和模拟活动帮助青少年理解基本的金融概念和管理技巧。面对于老年人，该行则推出了专门的"银发金融课堂"，讲解如何使用网上银行、识别金融诈骗等实际问题。这种有针对性的金融教育，不仅提升了不同年龄层次人群的金融素养，还增强了他们的实际操作能力。

金融教育基地是普及金融知识、提升公众金融素养的重要平台，也是实地展示金融行业发展、推动金融文化深入人心的有效途径。通过金融教育基地的建设，金融机构能够将抽象的金融概念和文化理念转化为直观、可感知的实际体验，增强公众对金融行业的理解和信任。例如，中国人民银行设立的中国钱币博物馆，展示了丰富的金融历史文物和资料，涵盖了从古代货币演变到现代金融科技发展的各个方面。公众可以通过参观博物馆，了解到中国金融体系的发展历程和重要事件，从而增强对金融行业的历史认知和文化认同。博物馆还设置了互动体验区，观众可以通过模拟操作，直观了解银行业务流程、投资理财工具的使用方法等金融知识。这种沉浸式的学习体验，使复杂的金融概念变得简单易懂，极大提升了公众的学习兴趣和参与度。中国银行设立了专门的金融教育基地，定期为员工提供包括金融理论、实践操作和风险管理在内的系统培训课程。这些课程通过案例分析、模拟操作和专家讲解，帮助员工更好地理解和掌握金融业务的核心技能，提升其专业水平和服务能力。同时，培训中心还邀请外部专家和学者举办专题讲座，探讨金融行业的发展趋势和挑战，为员工提供一个学习和交流的平台，促进他们不断提升自身的职业素养和综合能力。

（三）金融行业社会责任活动

　　金融行业的社会责任活动能够展示金融机构的社会担当，体现中国特色金融文化的核心价值，增强金融机构与公众的互动和信任。这类活动主要有慈善捐赠、社区服务和环境保护等形式。

金融机构通过慈善捐赠来履行社会责任是最常见的方式之一。例如，中国银行近年来持续支持教育和医疗领域的慈善项目。2023 年，中国银行通过"中银私享爱心荟—春蕾计划"实现现金捐赠 159.2 万元，爱心产品捐赠 398.97 万元，结对高中、初中和小学春蕾学生 1847 人。从 2014 年起，中国银行私人银行已实现现金和爱心产品捐赠合计 1638 万元，结对高中、初中和小学春蕾学生超过 4500 人。此外，中国银行还支持了多项医疗扶贫项目，资助了多家医院的基础设施建设和医疗设备采购。这种捐赠行为不仅改善了受助者的生活条件，也增强了金融机构在社会中的公信力。农业银行组织的金融扶贫文化活动，通过金融扶贫项目展示、扶贫经验分享、公益讲座等形式，向社会展示了该行扶贫工作的实际成效。农业银行不仅展示了其在扶贫项目中的创新做法，还邀请受益者分享他们的真实故事，让公众更加直观地感受到金融扶贫的社会意义。这种将文化活动与社会责任相结合的方式，不仅提升了农业银行的品牌形象，也增强了其品牌的社会公信力和影响力。

金融机构通过社区服务活动来回馈社会，促进社区建设。例如，招商银行在多个城市开展了"金融知识进社区"活动。通过这些活动，招商银行不仅提供了免费的金融知识讲座，还组织了社区志愿者服务，帮助居民了解金融产品、理财知识和风险防范。这些活动不仅增强了社区居民的金融素养，还帮助他们更好地管理个人财务，提升了社区的整体金融水平。

金融机构还通过支持环境保护项目来展示社会责任。例如，建设银行发起了绿色金融行动，支持绿色项目和环保活动。截至 2023 年末，绿色贷款余额超 3.88 万亿元，折合减排二氧化碳当量超 1.7 亿吨。重点支持各行业减污、节能、降碳，助力可再生能源及生物多样性保护领域发展，支持世界超高海拔地区规模最大的风电项目、国内首个开工建设的千万千瓦级新能源大基地项目、云南省"绿色能源＋生态环保治理范例项目"等，创新推出"绿色气候贷"、"ESG 可持续发展贷款"、全国能源央企首笔"排污权抵押贷款"等。此外，建设银行还积极参与减少自身运营对环境的影响，例如，减少纸质材料的使用和提高办公环境的能效。这些举措不仅符合全球可持续发展的目标，也展示了金融机构对环境保护的重视。

总之，金融行业的社会责任活动通过慈善捐赠、社区服务和环境保护等多种方式，不仅展现了金融机构的社会担当，也提升了其在社会中的形象和影响力。在中国特色金融文化的背景下，这些活动有助于构建和谐社会，推动金融行业的可持续发展，为金融行业的健康发展提供了坚实的文化基础。

二、文化传播阵地：金融文化的传播渠道

文化阵地是金融文化传播的重要平台，通过新闻传媒、影视、文学作品等各种传播渠道，金融文化得以广泛传播并深入人心。这不仅增强了公众对金融行业的认知和信任，还展现了中国特色金融文化的强大影响力与传播力。

（一）新闻传媒的传播作用

新闻传媒作为金融文化传播的重要渠道，具有广泛的覆盖面和深远的影响力。在塑造公众舆论、传播金融知识、引导金融行为等方面，新闻传媒扮演着不可或缺的角色。特别是在中国特色金融文化的建设中，新闻传媒不仅是信息的传递者，更是价值观的引领者。通过多层次、多角度的报道，新闻传媒推动了金融文化的广泛传播，并使其深入公众心中。

新闻传媒通过及时、准确的信息传递，能够提升公众对金融行业的信任度。新闻传媒在金融文化价值观的塑造上具有引领作用。通过报道金融领域的先进典型和创新模式，新闻传媒可以树立行业标杆，引导金融从业者和公众树立正确的金融观念和行为准则。以中国平安保险为例，其绿色金融和普惠金融的成功案例多次被《人民日报》报道。这些报道

不仅展示了企业在社会责任和可持续发展方面的实践，还推动了全社会对这些议题的关注，引导更多金融机构将社会效益和环境效益纳入业务发展中，将社会主义核心价值观融入金融实践中。

通过深入挖掘和报道金融行业中的不良行为和潜在风险，新闻媒体发挥了监督作用，促进了金融机构的自律和规范经营。例如，在某地方商业银行发生不当销售理财产品事件后，《经济日报》进行了深入调查和报道，揭示了事件背后的管理漏洞和风险隐患。在舆论压力下，该银行迅速采取整改措施，完善了内控制度，防止类似事件再次发生。这种舆论监督不仅揭示了个别机构的不当行为，更重要的是推动了全行业的自我审视和改进，维护了金融市场的健康秩序。

新闻传媒通过设置议题，引导社会对金融热点问题的讨论与思考，形成良性的舆论环境。例如，针对新兴的数字货币发展，《金融时报》组织了多次专题讨论和专家访谈，深入剖析了数字货币的机遇与挑战。这种舆论引导，不仅帮助公众理性看待金融创新，还推动了金融文化的良性发展，提升了公众的金融素养。

总的来说，新闻传媒在金融文化传播中的作用是多维度且深远的。通过信息传播、价值观引领、舆论监督和议题设置，新闻传媒有效推动了金融文化的广泛传播和深入人心，进而促进了金融行业的健康、稳定和可持续发展。

（二）文化艺术作品的影响力

金融主题文化艺术创作在金融文化建设中占据着独特的位置。通过文学、影视和视觉艺术等形式，金融文化得以更生动、更深刻地展现给公众。这种创作不仅丰富了金融文化的内涵，还为社会提供了新的视角来理解金融世界。

影视作品作为一种生动且具有广泛受众基础的文化载体，在金融文化的传播中发挥着独特而强大的作用。通过故事化的叙述和视觉化的表达，影视作品不仅能够有效传播金融知识，还能够深刻影响公众的金融观念和行为，成为推动金融文化深入人心的重要工具。

影视作品凭借其强大的感官冲击力和情感共鸣效果，在传播金融知识方面具有得天独厚的优势，在塑造金融文化价值观方面具有深刻的影响力。例如，电影《华尔街之狼》通过对金融交易员乔丹·贝尔福特的人生经历的描绘，揭示了金融市场中贪婪与道德的冲突。虽然电影以娱乐性为主，但其深层次的社会批判，促使观众反思金融行业中的道德规范和职业操守。电影《大空头》详细描绘了 2008 年金融危机的前因后果，让观众在紧张刺激的剧情中，直观感受到金融市场的风险和复杂性，从而不仅娱乐了观众，更教育了观众。

相比于传统的文字媒介，影视作品能够以生动的影像和扣人心弦的故事情节，吸引观众的注意力，并让复杂的金融概念变得更加易于理解。我国拍摄的电视剧《追风者》以民国时期金融战为背景，讲述了我党金融工作者在白区和苏区红色金融初创时期艰苦卓绝的工作，较好展现了我党领导的红色金融事业的历史。《前途无量》则是反映我国当代金融发展的电视剧，描述了当代金融人维护行业价值观、努力奋斗的励志故事。这类影视作品通过生动的形象化表达和情感化叙事，有效地传播了金融知识，塑造了金融文化价值观，并推动了金融文化的普及与发展。

文学作品在传递社会和文化价值观方面具有独特的优势。通过对金融从业者的职业操守、伦理道德的描绘，文学作品能够引导读者思考金融行业的社会责任和道德规范。例如，美国作家阿米蒂·施莱斯的《新政 vs 大萧条》以小说的形式描绘了 1929 年经济大萧条时期的金融危机，深刻揭示了金融体系的脆弱性以及个人和社会在金融风暴中的种种挣扎。这样的作品不仅能让读者了解历史，还能促使他们反思现代金融系统的稳定性和道德风险。

视觉艺术如绘画和雕塑，也在金融文化的表达中发挥着重要作用。例如，北京金融街文化艺术体验中心展出了许多以金融为主题的艺术作品。这些作品通过象征性和寓意性的表达，展示了金融市场的动态和金融机构的社会责任。展览中的大型雕塑和油画不仅吸引了观众的目光，还激发了他们对金融行业的兴趣和思考。这些艺术作品使抽象的金融理念变得具体而直观，有助于公众对金融文化的理解和认同。

（三）网络媒体的互动性

网络媒体在金融文化传播中正发挥着越来越重要的作用。随着互联网技术的迅猛发展，网络媒体已成为金融文化传播的核心渠道之一，其互动性特点为金融机构与公众之间的沟通架起了高效的桥梁。

首先，网络媒体极大增强了金融文化的传播效果。通过社交媒体平台、在线论坛和互动网站，金融机构可以即时发布行业资讯、政策解读和金融知识，并与公众进行实时互动。例如，招商银行利用其官方微信平台，通过发布金融政策解读、理财产品介绍和金融热点分析，吸引了大量用户关注。公众可以在平台上直接留言提问，银行客服团队会在短时间内给予专业解答。这种互动不仅提升了信息传播的速度和准确性，还增强了公众的参与感和信任感，促使金融文化更加深入人心。

其次，网络媒体促进了金融文化的个性化传播。借助大数据分析和用户行为追踪技术，金融机构能够根据用户的兴趣和需求，推送定制化的金融内容。例如，平安银行通过其手机 APP 收集用户的浏览记录和投资偏好，进而推荐个性化的理财产品和投资建议。用户可以在 APP 上查看到与自身需求高度匹配的金融信息，从而更好地理解和接受金融文化的核心理念。这种个性化的传播方式，极大地提升了金融文化传播的精准性和有效性。

此外，网络媒体还增强了公众对金融文化传播的参与感和认同感。通过举办线上活动、互动竞赛和虚拟展览等方式，金融机构能够吸引用户积极参与，增强其对金融文化的关注和认同。例如，中国工商银行定期在其官网和 APP 上举办金融知识竞赛活动，用户通过参与答题，不仅能够提高自己的金融知识水平，还能赢取丰厚的奖励。这类活动有效调动了公众的参与热情，增加了金融文化传播的趣味性和互动性，从而让更多的人认识和理解金融文化的价值。

与此同时，网络媒体还为金融机构提供了广泛的舆论监督和反馈渠道。用户可以通过网络平台直接表达对金融机构服务的意见和建议，金融机构也能及时了解公众的关注点并作出回应。例如，交通银行在其官方微博上设置了"用户反馈"专区，实时收集用户对服务的意见，并根据反馈进行调整和改进。通过这种互动机制，金融机构不仅能够及时发现和解决问题，还能进一步优化服务质量，提升公众对金融文化的认同感。

总的来说，网络媒体的互动性为金融文化的传播提供了新的平台和契机。通过实时互动、个性化推送和增强参与感，网络媒体在提升金融文化传播效率的同时，也加深了公众对金融文化的理解和认同。金融机构应充分利用网络媒体的互动性，创新传播方式，进一步增强金融文化的社会影响力和传播效果。

三、金融创新活动：金融文化的创新践行

金融创新是金融活动的常态，也是金融文化培育与金融业务相结合的重要场景之一。在中国特色金融文化背景下，创新不仅体现为技术和服务的更新，更是文化理念和价值观的实践。金融创新活动需围绕"以人民为中心"和"服务实体经济"的理念，确保在正确轨道上进行，展现出中国特色金融文化的创新性和时代性。

（一）金融产品、服务与模式创新

金融产品创新不仅推动了金融行业的发展，在文化与社会责任方面也展现了新的面貌。

金融产品创新在中国特色金融文化的指导下，不仅关注技术和服务的创新，更加注重社会责任的履行。金融机构推出与绿色金融、普惠金融和养老金融等相关的创新产品，如中国建设银行推出的"绿色金融产品"专注于支持环保项目，招商银行推出的"普惠金融产品"专门针对小微企业和低收入家庭，提供低门槛的贷款和金融服务，中国平安推出的"养老金融产品"结合了保险和投资功能。这些产品不仅满足了

市场的多样化需求，也体现了金融机构对社会责任的深刻认识。这种将文化理念与社会责任相结合的创新，既推动了金融行业的发展，也为社会的可持续进步作出了积极贡献。金融产品的创新正是在这种文化和社会责任的结合中展现出其真正的价值。

金融服务创新不仅是金融机构提升竞争力的重要手段，也是其实现社会价值的重要途径。在中国特色金融文化的引领下，金融服务创新不仅关注客户需求的满足，还强调社会责任的履行。这种客户导向与社会价值的融合，使金融服务创新更具意义和深度。

金融服务创新在中国特色金融文化的推动下，更加注重客户需求的精准把握与社会价值的实现。通过智能化服务、绿色行动、普惠金融和老年关怀等创新举措，金融机构能够在提升客户体验的同时，为社会进步作出贡献。工商银行推出的"智能投顾服务"就是一种创新的客户导向服务。通过人工智能技术，工商银行能够根据客户的风险偏好、投资目标等个性化信息，提供量身定制的投资建议。中国建设银行推出的"普惠金融服务平台"通过互联网技术，提供了低门槛、高效便捷的金融服务。中国平安推出的"银龄无忧"系列产品，为老年人群体提供专属的保险、理财产品以及健康管理服务。这种客户导向与社会价值的融合，使金融服务不仅成为经济发展的驱动力，也成为促进社会和谐的重要力量。

金融模式创新是金融行业应对市场变化和经济全球化挑战的重要手段。随着科技进步和市场需求的不断变化，传统金融模式已经难以满足多样化的需求和竞争环境。在中国特色金融文化的指导下，金融模式创新不仅注重业务效率和市场拓展，更强调社会责任的履行，实现经济利益与社会价值的双赢。

通过新型金融服务模式、供应链金融等创新，金融机构能够更灵活地应对市场变化，更精准地满足客户需求，同时也更好地履行社会责任。例如，中国银行推出"绿色金融贷款"，为环保项目提供专项融资支持；农业银行通过"农村金融服务站"创新金融模式，解决了农村地区金融服务覆盖不足的问题；招商银行开展的"供应链金融"模式，通过分析上下游企业的业务流动，为其提供高效、灵活的融资服务。金融模式创新不仅是应对挑战的策略，更是推动金融行业实现高质量发展的关键途径，确保在实现经济效益的同时，也为社会的可持续发展和公平进步作出积极贡献。

（二）金融科技创新与文化践行

金融科技创新正成为金融发展的核心驱动力，不仅提升了金融服务的效率和安全性，还在推动社会进步和履行社会责任方面发挥了重要作用。在中国特色金融文化的引领下，金融科技的进步不仅关注技术本身，还重视与社会责任的结合,确保科技创新的成果能够造福社会。

金融科技的技术进步极大提升了金融服务的效率和安全性。例如,人工智能(AI)技术在金融领域的应用已越来越广泛。招商银行通过人工智能客服"招招"提供 24 小时不间断服务,能够快速解答客户的各类问题并处理业务。AI 技术的引入不仅提升了服务效率,还减少了人工客服的压力,使得客户能够得到更及时、更准确的服务。此外,区块链技术的应用提高了金融交易的透明度和安全性。例如,建设银行在跨境支付中使用区块链技术,减少了传统支付中的中介环节,提高了交易的透明度,降低了成本。这些技术进步大幅提升了金融服务的效率,同时也增强了用户的安全感和信任感。

金融科技创新还积极结合社会责任,推动社会公益和可持续发展。以绿色金融为例,金融科技在环保领域的应用正在改变传统金融服务的模式。支付宝推出的"蚂蚁森林"项目,通过数字技术追踪用户的环保行为,并将虚拟绿色能量转换为实际植树活动。这一项目不仅鼓励用户参与环保行动,还通过科技手段推动了绿色金融的发展,为环境保护贡献了力量。

金融科技也在普惠金融领域发挥着重要作用。腾讯推出的"微粒贷"通过大数据技术分析用户的信用情况,为小微企业和低收入群体提供了更便捷的融资服务。传统金融机构对这些群体的服务往往有限，而金融科技的应用使得金融服务能够覆盖到更多的社会群体，解决了他们的融资难题。这种创新不仅提升了金融服务的覆盖率，也促进了社会经济的公平性和包容性。

在金融科技领域，社会责任的履行还体现在对数据隐私的保护上。随着数据收集和分析技术的进步，金融机构面临着巨大的数据隐私保护压力。银行和科技公司如中国平安在其产品和服务中引入了严格的数据保护措施，确保用户信息的安全。这种对数据隐私的重视，不仅是对客户权利的尊重，也是金融科技企业履行社会责任的重要体现。

金融科技与风险管理的结合也是金融创新中的重要路径。随着金融科技的发展，金融机构可以利用大数据、人工智能和区块链等先进技术提升风险管理的精度和效率。例如，平安保险公司在其"智能风控"系统中应用了大数据分析和人工智能技术。通过对客户行为数据的实时分析，公司能够及时识别出潜在的保险欺诈行为，并通过人工智能系统自动触发警报。这种技术手段大幅提升了风险管理的及时性和准确性，使得金融机构能够在创新中从容应对风险挑战。

科技赋能是金融监管创新的重要体现。传统的监管方式多依赖人工审核和事后处理，效率低且易遗漏风险。而大数据、人工智能、区块链等技术的引入显著提升了监管的效率和准确性。例如，香港金融管理局（HKMA）推出新的生成式人工智能沙盒，沙盒将协助银行在风险可控的框架内测试各种生成式人工智能创新案例，并提供所需的技术支持和针对性的监管意见，从而提升金融业界在风险管理、反诈骗及客户体验方面的潜力。

总之，金融科技创新在中国特色金融文化的指导下，不仅在技术进步方面取得了显著成就，还在社会责任的履行中展现了积极作用。通过提升金融服务效率、推动绿色金融、促进普惠金融和保护数据隐私等举措，金融科技创新不仅推动了金融行业的数字化转型，也为社会的可持续发展和公平进步作出了重要贡献。

四、基层工作：金融文化的根基

基层工作直接影响金融文化的传播效果和实践深度。在中国特色金融文化背景下，基层工作的关键作用不言而喻，它是确保金融文化理念在行业内落地生根的重要环节。

（一）基层文化建设与员工队伍建设

基层文化建设是金融文化建设的核心基础，直接影响金融文化能否深入人心并转化为具体实践。要在金融机构中实现中国特色金融文化的有效传播，必须从基层入手，将金融文化的核心理念融入日常工作和生活中。这不仅能够提升员工的职业素养和工作态度，也有助于金融机构在激烈的市场竞争中站稳脚跟。

中国工商银行在基层网点推行"客户为先"的服务文化。为了确保这一理念的落实，工商银行在各地分行推行了全面的客户回访机制。例如，山东分行建立专门的客户服务团队，对每一位办理业务的客户进行回访，收集他们的意见和建议。基层员工通过这些反馈，及时调整服务方式，提升客户体验。同时，分行还组织定期的培训，强化员工的服务意识，使"客户为先"不仅成为日常工作的指导原则，更内化为每位员工的自觉行动，最终显著提升了服务质量和客户忠诚度。

平安银行在增强基层文化建设方面也做出了典型示范。该行在全国分支机构中推行"快乐工作、快乐生活"的文化理念，通过在基层组织丰富多样的文化活动，如"平安家园"系列员工培训、文化节以及团队拓展活动，增强了员工的归属感和工作积极性。例如，深圳分行每年都会组织一系列的文化比赛，如摄影比赛、读书分享会等，鼓励员工在工作之余培养兴趣爱好，并将这些活动与金融文化相结合。这种方式不仅丰富了员工的文化生活，还有效增强了团队凝聚力，提升了分行整体的工作氛围和竞争力。

招商银行通过扎根社区的文化推广活动，将金融文化的外部传播做得有声有色。招商银行北京分行自 2019 年起，每年都在社区开展"财商教育进社区"活动，组织基层员工走进社区，为居民提供金融咨询和理财建议。例如，基层员工会在社区内举办小型讲座，讲解如何识别金融诈骗、如何合理理财等实用知识。这些活动不仅提高了社区居民的金融素养，还增强了他们对招商银行的信任。这种从基层发起的文化传播，成功将金融文化渗透到社区的日常生活中，得到了广泛的社会认可。

员工队伍建设是金融文化建设的中坚力量，直接影响着金融机构的长期稳定发展和市场竞争力。在中国特色金融文化的框架下，员工不仅是金融文化的执行者，更是文化理念的传播者和推动者。因此，建设一支高素质、高凝聚力的员工队伍，是确保金融文化得以深入贯彻落实的关键。

中国农业银行注重通过系统化的培训来提升员工素质。比如，农业银行广东分行针对新入职员工推出了"传帮带"计划，由经验丰富的员工一对一指导新员工，帮助他们快速适应工作环境并掌握必要的职业技能。此外，分行还定期组织金融文化培训，确保员工深刻理解和认同银行的核心价值观。这些措施不仅提高了员工的职业素养，也增强了他们对企业文化的认同感，使金融文化理念在员工的日常工作中得以实践。

交通银行通过提升员工的职业素养和专业技能，推动了机构的创新与发展。该行上海分行在基层推广"创新大赛"，鼓励员工提出改进服务流程的建议和创新产品的构想。比如，分行的一名客户经理提出了"智能化客户服务系统"的建议，成功推动了客户服务的数字化转型。这种创新激励机制，不仅提高了员工的工作积极性，也为交通银行在激烈的市场竞争中保持领先地位提供了动力，同时推动了金融文化的不断发展。

中信银行在员工队伍建设方面也进行了有益的探索。中信银行北京分行通过建立健全的激励机制和职业发展路径，激发了员工的积极性和责任感。分行在绩效考核中引入了文化认同度评价，奖励那些在工作中积极践行金融文化的员工。通过这种方式，员工不仅在业务能力上得到了提升，还在文化素养上得到了加强，逐步形成了"人人都是文化传播者"的良好氛围。员工在与客户互动中所表现出的职业素养和行为方式，也直接提升了公众对中信银行的认知和评价。

金融机构通过系统化的培训、创新激励机制以及健全的职业发展路径，不仅能够打造一支高素质的员工队伍，还能确保金融文化理念在组织内部得以有效贯彻和持续传播。最终，这些努力将为金融行业的持续健康发展提供强有力的支持。

（二）多渠道宣传工作

充分利用多渠道宣传工作，能够推动金融文化价值观在全体员工和更广泛的社会群体中的传播。在中国特色金融文化的背景下，多渠道宣传不仅能够增强员工的文化认同感，还能够扩大金融文化的社会影响力。

金融机构内部的宣传是多渠道宣传工作的基础。例如，中国工商银行通过内部平台、工作坊、培训课程等多种形式，将金融文化的核心价值观融入员工的日常工作中。工行北京分行每季度都会组织"金融文化分享会"，邀请优秀员工分享自己在工作中践行工行核心价值观的经验。这些内部活动不仅加强了员工对金融文化的理解，还通过案例分享和讨论，增强了文化理念在员工心中的认同感，使得金融文化成为员工行为的内在驱动力。

外部宣传则是多渠道宣传工作的关键。招商银行在这方面进行了有效的探索。招行深圳分行利用官方网站、社交媒体平台以及新闻发布会等外部宣传渠道，将金融文化理念与其成功的实践案例向社会广泛传播。通过微信公众号发布了一系列关于普惠金融、绿色金融的专题文章，并结合实际案例展示了招行如何在具体业务中践行这些理念。通过这种方式，招行不仅提高了社会公众对金融文化的认知度，也提升了自身的品牌形象和公众信任度。

金融机构还可以通过创新手段来开展多渠道宣传。例如，平安银行在推广金融文化时，积极利用新媒体技术，打造了线上线下结合的宣传模式。平安银行广州分行鼓励员工制作与金融文化相关的短视频，并在短视频平台上广泛传播。这种互动性强、覆盖面广的宣传方式，不仅吸引了大量年轻用户的关注，也使得金融文化更加生动、易于理解，进一步增强了金融文化在社会上的传播效果。

多渠道宣传工作是确保金融文化在内部和外部得以有效传播的重要手段。通过构建多层次、全方位的宣传体系，金融机构不仅能够在内部强化员工的文化认同，还能够在外部扩大社会影响力，从而为金融文化的长期发展奠定坚实的基础。

（三）警示教育的常态化实施

警示教育的常态化实施是金融文化建设中的重要环节，持续的风险意识培养和防范教育能够提升员工对金融风险的敏感性和防范能力，确保金融机构的稳健运营和长远发展。在中国特色金融文化的背景下，警示教育的常态化实施不仅关系到金融机构内部的管理水平，还直接影响到整个金融行业的健康发展。

警示教育的常态化实施能够强化员工的风险意识。以中国农业银行为例，农行上海分行定期组织多形式的警示教育活动，例如，每年都会举办"金融风险防控月"活动，通过案例分析、专题讲座、警示教育片等形式，让员工深入了解各类金融风险的严重后果。特别是对行业内外发生的重大违规事件的剖析，使员工充分认识到风险忽视可能导致的严重后果。这种教育方式不仅让员工在日常工作中时刻保持警觉，还有效提高了他们的风险防范能力。

警示教育的常态化有助于建立健全的风险管理机制。例如，建设银行广州分行实施了一项"每周风险案例讨论"机制，要求各业务部门每周抽出一定时间，针对一个最新的风险案例进行分析和讨论。通过这样的常态化教育和讨论，建行的员工们能够及时掌握最新的风险管理知识，并将其运用到日常工作中，从而不断强化风险意识，完善风险管理体系。这不仅使得风险管理成为全体员工的自觉行动，还形成了全员参与、全方位覆盖的风险管理格局。

警示教育的常态化实施还能提升金融机构的整体合规水平。以浦发银行为例，浦发银行北京分行将警示教育纳入了员工的日常培训体系中，并定期更新教育内容，确保员工始终保持对合规要求的高度敏感性。浦发银行还通过定期发送合规提醒邮件、组织专题培训，帮助员工了解最新的合规政策和要求。这种制度化的警示教育安排，不仅减少了操作风险、道德风险等隐患，还有效推动了浦发内部合规文化的形成。

警示教育的常态化实施不仅局限在内部，还可以向外部客户传达合规和风险防范的重要性。比如，交通银行深圳分行通过"客户风险教育周"活动，向客户普及金融风险的常识，并提醒他们注意合规操作。这一活动不仅增强了客户的风险防范意识，还进一步巩固了交行在客户心中的良好形象。

警示教育的常态化实施是金融文化建设中不可或缺的一部分。通过持续的风险教育和意识培养，金融机构不仅能够有效预防各类风险，还能提升整体的合规水平，为金融行业的长远发展提供坚实保障。

（四）金融志愿服务的推广

金融志愿服务的推广是金融机构在社会责任履行和金融文化建设中的重要组成部分。通过发动员工和社会力量参与志愿服务，金融机构不仅能够更好地传播金融知识，提升公众的金融素养，还能树立良好的社会形象，增强与社区居民的互动。在实际操作中，许多金融机构通过各种形式的志愿服务活动，推动了金融文化的普及，促进了社会的和谐与发展。

金融志愿服务的推广能够有效提升公众的金融素养。例如，交通银行上海分行在每年的"金融知识普及月"期间，都会组织员工志愿者走进社区、学校、企业，开展金融知识宣讲活动。这些志愿者通过通俗易懂的方式，向市民普及如何识别金融诈骗、如何规划家庭理财等知识。交行还通过与社区合作，在居民聚集的场所设立金融咨询台，由志愿者为居民提供免费的金融咨询服务。这种"接地气"的服务形式不仅提高了公众的金融意识，也增强了金融机构在社区中的影响力和公信力。

金融志愿服务的推广能够促进社会公益事业的发展。中国工商银行多次组织志愿者参与环保、助老、助残等公益活动。志愿者们不仅在日常工作中履行金融服务职责，还在闲暇时间主动参与到社会公益活动中。例如，工行北京分行的志愿者曾在社区中开展"绿色金融，守护地球"的环保宣传活动，向社区居民讲解绿色金融的理念和实际操作，引导大家选择更加环保的金融产品和服务。通过这些公益活动，工行不仅传播了绿色金融的理念，还树立了负责任的企业形象，赢得了社会的广泛赞誉。

金融志愿服务的推广能够增强员工的社会责任感和归属感。例如，招商银行倡议"阳光志愿者"活动，评选"阳光之星"，鼓励员工利用业余时间参与志愿服务，并将其纳入员工绩效考核中。通过这一计划，招行的员工不仅在志愿服务中得到了个人能力的提升，还增强了对企业文化的认同感和归属感。这种双赢的模式不仅有助于企业内部文化的建设，还促进了企业与员工之间的良性互动。

金融志愿服务的推广能够有效加强金融机构与社区的联系。例如，兴业银行福州分行通过与当地社区合作，定期组织志愿者参与社区活动，如社区健康义诊、老年人金融知识普及等。这些活动不仅拉近了金融机构与社区居民的距离，还增强了居民对金融机构的信任感，使得金融文化在社区中得到更广泛的传播。

金融志愿服务的推广是金融文化建设的重要途径。通过组织和参与各种形式的志愿服务活动，金融机构不仅能够履行社会责任，提升公众的金融素养，还能够增强员工的归属感和社会责任感，为金融文化的传播和社会的和谐发展作出积极贡献。

五、党建工作：金融文化建设的引领

党建工作在中国特色金融文化建设中发挥着核心引领作用。通过党的领导和组织优势，金融行业能够确保文化建设的正确方向和有效实施。

（一）党组织在金融文化建设中的主体责任

在金融文化建设中，党组织承担着不可替代的主体责任，其核心作用不仅在于制定方向和战略，还在于确保文化建设的具体落实和持续改进。以中国农业银行为例，党组织在推动合规文化建设方面，展现了这一主体责任的具体落实。

党组织通过制定明确的文化建设目标和策略，确保文化建设与国家政策及社会主义核心价值观保持一致。在中国农业银行，党组织提出了"合规创造价值"的理念，明确了合规文化在银行运营中的重要性。这个理念不仅在口号上得到强调，更通过党组织的带领，融入了银行的日常管理和运营当中。党组织制定了详细的文化建设方案，将合规文化作为提升银行竞争力和维护市场秩序的关键因素。

党组织在金融文化建设中的引领作用体现在对全行员工的思想引导和教育上。中国农业银行的党组织通过组织定期的思想政治教育活动，如专题讲座、合规培训和警示教育，强化了员工对合规文化的理解和认同。在这些活动中，党组织成员以身作则，分享自身的工作经验和对合规的深刻认识，进一步提高了员工的思想觉悟和职业操守。通过这样的教育引导，党组织成功让合规文化的理念深入人心，使其成为每一位员工在日常工作中自觉遵守的行为准则。

党组织在金融文化建设中还发挥着监督和评估的重要作用。以中国农业银行为例，党组织建立了定期检查和评估机制，对合规文化建设的实施情况进行监督。党组织通过设置"合规先锋岗"，选择优秀党员担任合规文化的监督员，负责日常合规检查，确保各项合规政策的严格执行。此外，党组织还定期召开评估会议，分析文化建设中的问题和不足，并及时提出改进措施。这种监督机制不仅增强了银行内部的自律性，还有效提升了合规文化建设的质量和效果。

党组织通过激励机制进一步推动文化建设的深入推进。在中国农业银行，党组织设立了合规文化建设的专项奖励，通过评选"合规标兵"和"合规先锋"激励员工自觉参与文化建设。这种激励措施不仅增强了员工的积极性和责任感，也推动了合规文化在全行范围内的广泛传播。

党组织在金融文化建设中的主体责任通过制定方向、思想引导、监督评估和激励机制四个方面得以全面落实。在中国农业银行的实践中，党组织成功推动了合规文化的建设，使得这一文化理念深刻融入银行的日常管理和员工的工作行为中，为银行的稳健发展提供了坚实的文化保障。

（二）党建工作与金融文化融合的实践路径

党建工作与金融文化的融合是推动金融机构文化建设的重要途径，能够有效提升金融机构的整体素质和行业影响力。以下是通过具体金融机构的实践，展现党建与金融文化融合的几个有效路径。

建立党建引领的金融文化建设机制。例如，招商银行在党建与金融文化的融合中，充分结合自身实际，围绕"有形象化标识、有个性化内涵、有显性化成效、有考核化机制、有可视化阵地"目标，打造特色党建品牌"五个一"工程：一个可视化党建品牌"青先锋"、一首党建主题曲《闪耀》、一条党建形象宣传片、一批党员先锋示范岗服务窗口和一支特色党建队伍。中国银行设立了"党员示范岗"和"党员责任区"，以党员的示范作用引领全体员工践行金融文化核心理念，进一步强化了党建工作的引领作用。

深化党建工作与金融文化的理论研究与实践。以交通银行为例，交通银行通过组织专题研究和实践探索，深入探讨党建与金融文化的融合，定期开展关于党的方针政策对金融文化建设影响的研究，结合实际情况总结最佳实践经验。在 2023 年，交通银行有 4 家单位荣获"2021—2022年金融系统文化建设优秀单位"称号，8 篇研究课题荣获全国金融系统思想政治工作和文化建设优秀调研成果奖，其中二等奖 1 篇、三等奖 2 篇、优秀奖 5 篇，并荣获 2022 年全国金融系统思想政治工作和文化建设调研工作优秀组织奖。这些研究成果不仅为党建与金融文化的融合提供了理论支持，还为实际操作提供了宝贵经验，推动了金融文化的创新与发展。

推动党建与金融文化的互动交流。例如，中国银行通过定期举办"党建与金融文化交流会"，促进党组织与金融文化团队的互动。2024 年 7 月，中国银行江苏省分行召开"弘扬中国特色金融文化传承中国银行红色基因座谈会"，会议上，党组织成员与金融文化专家就如何将党建工作融入金融文化建设展开深入讨论，分享各自的经验和观点。这种互动交流不仅加强了党组织对金融文化建设的指导力度，还将金融文化的创新成果及时反馈到党建工作中，形成了良性循环。交通银行宁德分行设立了"党建＋清廉金融文化"宣传长廊，注重培育良好的职业道德观、增强清廉自律的从业理念，为员工提供学习交流的场所，营造良好清廉的文化氛围。

强化党建与金融文化的制度保障。建设银行将党建工作与金融文化建设纳入日常管理和考核体系。明确党建工作和金融文化建设的职责分工和考核标准，确保了两者的有效衔接和持续推进。通过建立健全制度保障，建设银行有效提升了金融文化的内涵和影响力。

通过上述路径，党建与金融文化的融合能够更好地促进金融机构的文化建设，提升金融从业者的整体素质，推动金融行业的健康发展。各金融机构通过建立机制、深化研究、推动交流和强化制度保障，不断推进党建与金融文化的融合，实现了文化建设的全面提升和可持续发展。

（三）党建引领下的金融文化教育

党建引领下的金融文化教育是确保金融行业健康发展的关键举措。通过系统化的金融文化教育，金融机构能够将党的理论和政策有效融入金融实践中，提升金融从业者的专业素养和政治素质。以下通过实际金融机构的案例，展示如何在党建引领下推动金融文化教育的有效实施。

制定系统化的金融文化教育计划。例如，建设银行制定了详细的金融文化教育计划，将党的方针政策和金融行业的发展需求结合起来。建设银行的教育计划包括金融基础知识、政策法规、职业道德等方面，并结合实际工作，确保教育内容的全面性和实用性，使得金融从业者能够深入理解并践行党的政策和金融文化理念。

创新金融文化教育形式。招商银行为了提高金融文化教育的吸引力和效果，采用了多种形式进行教育。例如，举办专题讲座、研讨会和在线课程，并采取案例分析和情景模拟等互动方式，使教育内容更加生动具体。此外，招商银行还利用内部平台，定期推送金融文化相关文章和视频，使员工能够随时随地学习相关知识。这种多样化的教育形式不仅提升了员工参与度，还增强了其实际应用能力。

强化党员的示范作用。例如，农业银行通过设立"党员示范岗"来加强党员在金融文化教育中的引领作用，以"亮身份、亮承诺、亮业绩，创先锋、创典型、创标兵"为载体，进一步发挥机关龙头作用以及党员干部走在前、干在前的先锋作用。农业银行鼓励党员在日常工作中践行金融文化理念，并通过参加培训、分享经验等方式，带动全体员工对金融文化的深入理解和认同。党员在工作中的实际表现和分享，使金融文化教育更加具象和生动，提升了全体员工的参与热情和实践能力。

注重金融文化教育的评估和反馈。交通银行定期对金融文化教育的效果进行评估，通过问卷调查和座谈会等形式，了解员工对教育内容的反馈意见。交通银行根据评估结果及时调整教育内容和方式，优化教育质量和效果，使其更符合员工的实际需求和行业发展趋势。

加强与外部机构的合作。中国银行与高校、研究机构合作，共同开展金融文化研究和教育活动。通过引入外部资源和专家，中国银行提升了金融文化教育的专业性和前瞻性。这种合作不仅丰富了教育内容，还带来了先进的教育理念和方法，推动了金融文化教育的创新和发展。